Opus 73

Der vorliegende Band ist im Rahmen des Forschungsprojektes »Prof. Dr.-Ing. Immo Boyken – Forschungen zur neueren Architekturgeschichte« entstanden und wurde vom Institut für angewandte Forschung an der Hochschule für Technik, Wirtschaft und Gestaltung/ University of Applied Sciences in Konstanz unterstützt.

Die Photographien und Pläne wurden freundlicherweise vom Universitätsbauamt Freiburg und vom Südwestdeutschen Archiv für Architektur und Ingenieurbau in Karlsruhe zur Verfügung gestellt.

Besonderer Dank gebührt meinem ehemaligen Tutor Oliver Fink, der sich bei der Fertigstellung der Druckvorlagen als schlichtweg unentbehrlich erwies.

This volume came into being as part of the »Prof. Dr.-Ing. Immo Boyken – Forschungen zur neueren Architekturgeschichte« research project and was supported by the Institut für Angewandte Forschung at the Hochschule für Technik, Wirtschaft und Gestaltung/ University of Applied Sciences in Konstanz.

The photographs and plans were generously made available by the Universitätsbauamt Freiburg and the Südwestdeutsches Archiv für Architektur und Ingenieurbau (SAAI) in Karlsruhe.

I am deeply indepted to my former tutor Oliver Fink, who proved to be completely indispensable in the process of producing the artwork.

Otto Ernst Schweizer
Kollegiengebäude II
der Universität Freiburg

Text
Immo Boyken

Photographien / Photographs
Bruno Krupp

Edition Axel Menges

Herausgeber / Editor: Axel Menges

ISBN 978-3-932565-73-1

Druck und Bindearbeiten / Printing and binding: Graspo CZ, a. s., Zlín, Tschechische Republik / Czech Republic

Übersetzung ins Englische / Translation into English: Friedrich Ragette
Design: Axel Menges

Inhalt

Contents

Immo Boyken

Studentenleben und Hochschularchitektur

Als ich das Kollegiengebäude II der Universität Freiburg zum ersten Mal sah, war ich Student der Architektur im vierten Semester und hatte mich soeben entschlossen, diesen Beruf, dieses Studium, von dem ich mir so viel erwartet hatte, an den Nagel zu hängen. Enttäuschung über geprellte Hoffnung mischte sich mit Wut über eigenes Versagen. Ich zweifelte – wieder einmal – am Sinn des Lebens, an der vermeintlichen göttlichen Gerechtigkeit (inzwischen weiß ich allerdings, daß es keine Gerechtigkeit gibt, nur Abstufungen von Ungerechtigkeit) und suchte Halt im lyrisch-schönen Freiburg, das Münster als hehre Mahnung an Ebbe und Flut studentischer Leidenschaften fest im Blick. Am Kollegiengebäude ging ich achtlos vorüber – noch (Abb. 2).

Mein Studium verlief nicht ganz so, wie ich es wollte. Denn das, was ich suchte und erwartete, war ein menschlicher Maßstab, der, so drücke ich es heute aus, das Lernen, Lehren und Forschen in wirklicher Freiheit erst möglich macht (damals also das Lernen). Ich suchte das Moment des Aufeinanderzugehens, das Einladende; das, was über jeder Hochschule als Anregung zum Wollen und nicht zum Zwang schweben sollte, daß, so Golo Mann, Wissenschaft nicht nur lehrreich, sondern auch unterhaltend sein müsse, oder Schinkel, der kurz und bündig fordert: erst erfreuen, dann belehren, und darum eben der menschliche Maßstab.

Erfreut allerdings war ich, als ich gleich dem Eichendorffschen Taugenichts aus der heimatlichen Geborgenheit in die weite Welt des Studiums entlassen wurde, um Glück und Freiheit (die vermeintliche) zu suchen und zu finden, erfreut war ich zunächst weniger, denn die weite Welt endete auf dem Campus der Technischen Hochschule in Karlsruhe.

Aber dieser Campus war kein Campus, wie ich ihn mir vorgestellt hatte, sondern dieser Campus war ein dürrer Ehrenhof voller Fahrrad-Ruinen und abweisenden Mülltonnen-Paraden (Mülltonnen scheinen auf Hochschulen eine besondere Anziehungskraft auszuüben, wie man landauf/landab beobachten kann), bestückt mit hehren Denkmälern wie dem bedrohlich, von oben herab dreinblickenden Heinrich Hertz und mit Carl Albikers schöner Athena, deren Schönheit ich seinerzeit nicht empfand, eher das Bedrückende ihres gesenkten Speeres (Abb. 1); eine Fläche, die gesäumt wurde (und immer noch wird) von Trakten der Verwaltung, des Rektors, der Hausmeisterei, der ungeliebten Quästur (ungeliebt, weil man dort die Wochenstunden abrechnen und bezahlen mußte – niemand soll sagen, Studiengebühren seien eine Erfindung unserer Zeit, neu ist nur ein anderer Begriff), und gesäumt wurde von einigen abweisenden Institutsgebäuden, die Ahnungen an dumpfe Schulräume aufkeimen ließen, und der größere Rest der Hochschule verlor sich in das angrenzende Waldgelände. Schön für weite Spaziergänge, die man im fortgeschrittenen Alter vielleicht liebt. Aber als Student?

Der Karlsruher Campus also ein Ort, der lediglich eilig sich kreuzende Studentenströme in den Pausen aufnahm und wieder entließ – von Behaglichkeit, von Einladendem, Gemeinschaftlichem keine Spur, eher Spuren des Ausgegrenztseins, des Untergehens in Monumentalität und Masse. Und im Kräftefeld dieses Campus, sozusagen als Mittler zwischen Wissenschaft und Bürokratie, stand und steht das Architekturgebäude, seinerzeit noch nicht zerstückelt in seinen Raumfluchten, ein bißchen schmuddelig (wie gesagt, das Haus der Architekten); die marmorne Monumentalbüste des badischen Großherzogs fristete jahrelang, in der Eingangshalle ohne Sockel direkt auf dem Boden abgestellt, ihr Dasein als kapitaler Staubfänger, großzügig eigentlich das Haus in seinen Proportionen, hell, im aufgesetzten Obergeschoß licht. Und dennoch: es blieb mir auch hier das Gefühl des Abweisenden, des irgendwie Düsteren, ein Gefühl der Angst vor dem Nichterreichten selbstgesteckter Ziele.

Bedrückend verlief das, was ich mir als Glück und Freiheit erträumt hatte, Traum oder Alptraum, ein Zerfließen des Persönlichen im anonymen Raum, und als die vier Semester der Unterstufe vorbei waren, war es auch mit meiner Liebe zur Architektur vorbei. Ich wollte also das Studium aufgeben, was ich auch getan hätte, wenn nicht elterliches Mahnen, nicht gleich die Flinte ins Korn zu werfen, mir zu denken gegeben hätte – in der Oberstufe käme alles ganz anders, was dann ja auch so war; *und* wenn nicht aus Freiburg (von Schulfreunden, die dort studierten) der sirenenhaft-lockende Ruf gekommen wäre, doch zu wechseln (hier flösse nicht nur der goldene Wein, sondern dementsprechend aufgeheitert auch das studentische Leben in jeder Form), was ich auch tat und dort endlich dem begegnete, was Schinkel fordert: erst erfreuen, dann belehren, dort erfuhr, daß ernstes Lernen und leichtes Leben sich nicht widersprechen, daß vielleicht das die eigentliche Grundlage eines Studiums ist, das sich nicht in verfrühter sinnlicher Absterbung verliert.

Und so hörte ich Vorlesungen querbeet durch die Fakultäten (ich verspürte keine eigentlichen Pflichten), auch – ganz war die Architektur offenbar doch nicht vergessen – auch Baugeschichte, die mich fesselte, hörte Juristerei, war im Seziersaal, trödelte mich durch Volkswirtschaft. Der Parapsychologe Bender sinnierte über die Verbiegung von Besteck allein aus geistiger Kraft heraus (ein Phänomen, das ich gern auf mich selbst projiziert gewußt hätte, etwas nur durch Ströme im Gehirn hinzubekommen, ohne zu arbeiten), und am Ende hatte ich entdeckt, daß Architektur wohl doch das Richtige für mich sei, und so kehrte ich nach drei Semestern leichten Herzens nach Karlsruhe zurück. Leichten Herzens und mit schwerem Gepäck.

Denn in Freiburg hatte ich antiquarisch das *Handbuch der Kunstwissenschaft* erstanden, das ich eigentlich gar nicht bezahlen konnte, aber rund 90 cm goldgeprägter Leinenrücken, dachte ich, bezeugen nach außen doch wohl eine gewisse geistige Haltung. Letztlich aber hatte ich die Reihe erstanden, weil mich ein Band besonders interessierte, den ich bereits in Karlsruhe durchgearbeitet hatte: Karl-Heinz Clasen: *Die gotische Baukunst*, empfohlen zur Vorbereitung auf die Prüfung. Und als Rabatt (und das war der eigentlich zündende Funke) bekam ich vom Antiquar zwei Bücher dazu geschenkt (daß da so ein junger Schnösel gleich das gesamte Handbuch ersteht, hatte ihn wohl ein bißchen beeindruckt), nämlich zum einen einen schmalen, in grünes Leinen gebundenen Band, Arnold Tschira: *Das Münster zu Freiburg,* und dazu, zum anderen, vom Bücherstapel, besser gesagt: von einer Art Wühltisch herunter, *Otto Ernst Schweizer und seine Schüler. Die Schüler zum 60. Geburtstag ihres Meisters*, und einer dieser Schüler, der auch den einführenden Text verfaßt hatte, war dieser Tschira, Professor für Baugeschichte an der Architekturfakultät in Karlsruhe. Diese beiden Bücher haben mehr bewirkt als alles andere zuvor, diese beiden Bücher ha-

1. Der Ehrenhof der Universität Karlsruhe mit Karl Albikers Pallas Athene und dem Denkmal für Heinrich Hertz.
2. Das Kollegiengebäude II, die Universitätskirche und das Freiburger Münster. (Photo: Willy Pragher.)

1. The court of honour of Karlsruhe University with Pallas Athene by Karl Albiker and the memorial to Heinrich Hertz.
2. The Kollegiengebäude II, the Universitätskirche and the Freiburg Minster. (Photo: Willy Pragher.)

Immo Boyken

Students' life and university architecture

When I saw the Kollegiengebäude I (college building I) at Freiburg University for the first time I was a student of architecture in the fourth semester and just had decided to forget a profession of which I had expected so much. Disappointment about dashed hopes mixed with anger about my own failure. Once again I was in doubt about the sense of life, God's alleged fairness (meanwhile I know that there is no justice, only degrees of injustice), seeking support in lyrically charming Freiburg, focussing on the Münster as solemn reminder of the changing tides of student passions. I passed the College Building without noticing – still (illus. 2).

My studies did not progress as desired. I expected and was seeking human scale which, as I say today, would enable studying, teaching and researching in freedom (then just learning). I was searching for person-to-person contact, for an invitation, an approach that rejects compulsion but generates desire. As Golo Mann said, science should not only be instructive but also entertaining, or Schinkel, who simply demands: to be pleasing at first, then instructive, and therefore the human scale.

However, I was glad to leave my native shelter like Eichendorff's good-for-nothing, for the wide world of studying, to seek and find happiness and freedom (as alleged), being initially not very pleased because the wide world ended on the campus of the Technische Hochschule Karlsruhe.

This campus was not a campus as I had imagined, this campus was a barren court of honour full of discarded bicycles and repellent rubbish bins (rubbish bins seem to have a special attraction at universities, as can be seen everywhere), endowed with noble monuments, such as Heinrich Hertz, forbiddingly looking down on us, or Carl Albiker's beautiful Athena, whose beauty I hardly then appreciated, rather the menace of her spear (illus. 1). Today an area still surrounded by buildings for administration, for the president, for maintenance, the unloved bursary (because there we had to pay for each credit hour – nobody should say study fees are an invention of our times). It was also bordered by dull college buildings, suggesting muffled class rooms – the larger rest of the university lost itself in the adjacent forest. Fine for extended walks, maybe enjoyed in advanced age, but by students?

The Karlsruhe campus a place to receive busily moving throngs of students during breaks and to discharge them again – no trace of ease or comfort, of togetherness, nothing welcoming, rather a feeling of exclusion, being submerged in monumentality and crowds. In the field of forces of this campus, so to speak as mediator between science and bureaucracy, stood the architecture building, somewhat grubby (the house of the architects), at that time not yet fragmented into strings of spaces. The monumental marble bust of the Grand Duke of Baden subsisted for years in the entrance hall, sitting on the floor without base, collecting dust in an otherwise generously proportioned building, bright with its superposed upper storey. Nevertheless: also here I felt rejected with a sombre feeling of angst and not accomplished self-imposed goals.

What I had imagined as bliss and freedom turned into a depressing nightmare, the dissolution of my personality in anonymous space – and when the four undergraduate semesters were over I had also lost my love for architecture. I wanted to drop my studies and I would have done so, if not the exhortations of my parents that in further studies things would change gave me second thoughts. It turned out right, but only due to the tantalising call to move to Freiburg (by buddies who studied there, extolling the exhilarating effect of golden wine on students' life). As I followed their advice I finally found what Schinkel demanded: first enjoy, then learn. I learnt that serious studying and easy life do not contradict each other, even are the basis of studies, which do not end in premature sensual death.

I attended lectures at random throughout the Faculties (not feeling real obligation), also history of architecture, which fascinated me – apparently I had not yet forgotten architecture; I listened to jurisprudence, visited the dissecting room, dallied through economics. The parapsychologist Bender pondered the bending of cutlery under mental force (a phenomenon I would have liked applied to myself, to wangle something without working). In the end I discovered that after all architecture was the right thing for me and after three semesters I returned to Karlsruhe light at heart and heavy on luggage.

Because in Freiburg I had acquired second hand the *Handbuch der Kunstwissenschaft* (compendium of science of art). I hardly could pay for it, but I thought its 90 cm gold embossed back demonstrated a certain intellectual position. Actually I bought the series because one volume was of special interest: *Gothic Architecture* by Karl-Heinz Clasen, recommended for exam preparation. And as an extra (this really sparked it), the antiquary donated two books (impressed by that snooty-nosed little upstart who had bought the whole compendium). One was a slim volume in green linen, Arnold Tschira's *Das Münster zu Freiburg* (The Minster at Freiburg). The other, picked from a rummage table, *Otto Ernst Schweizer und seine Schüler. Die Schüler zum 80. Geburtstag ihres Meisters* (Otto Ernst Schweizer and his disciples. The students at the 80th anniversary of their master). One of these students, who contributed the introduction, was Tschira, professor of history of architecture at the Technische Hochschule Karlsruhe's faculty of architecture. These two books (apart from frequent serendipity in life) had a stronger effect than anything else: they brought me to the history of building and determined my professional life.

Tschira's *Das Münster zu Freiburg*: as said, a small volume in quantity, a great volume in quality, with instructive pictures and a text so dense and beautiful to read, it truly revealed to me the value of this minster; a text without empty notions, no exegetical flood of annotations (which sometimes overburdens scientific works to unsavouriness), a book that could and did generate love for Gothic architecture in particular and architecture as a whole. And the other book: *Otto Schweizer und seine Schüler*, in which Tschira showcases the meaning of Schweizer's architecture, in equally clear and succinct language as his Freiburg text (words of crystalline shortness, being the best I read about Schweizer). It reminded me that Tschira pointed out in a lecture the exceptional architecture of a building in Freiburg, which imbued the town with a new spirit and had to be seen (at least that's what I found in my lecture notes): Schweizer's new college building at the university; a recommendation, heard ben mich letztlich (neben den vielen Zufällen, die ein Leben so abwechslungsreich gestalten) an den Rand der Baugeschichte geführt und den Weg in mein berufliches Leben gewiesen.

Tschiras *Das Münster zu Freiburg*: wie gesagt, ein kleiner Band quantitativ, ein großer Band qualitativ, mit sprechenden Bildern und mit einem Text, der so dicht und so schön zu lesen ist, daß er mir den Wert des Münsters erst wirklich erschloß; ein Text ohne jede hochtragende Worthülserei, ohne exegetische Anmerkungsemsigkeit (die zuweilen wissenschaftliche Arbeiten bis zur Ungenießbarkeit überfrachten), ein Band, der die Liebe zur gotischen Architektur, zur Baugeschichte überhaupt wecken konnte und das auch getan hat. Und das andere Buch: *Otto Ernst Schweizer und seine Schüler*, in dem dieser Tschira mit ebenso klaren und prägnanten Worten wie in seinem Freiburger Text die Bedeutung der Architektur Schweizers herausstellt (Worte, die in ihrer kristallinen Kürze das Beste sind, was ich über Schweizer gelesen habe) und die mich daran erinnerten, daß Tschira in einer Vorlesung auf die besondere Architektur eines Gebäudes in Freiburg hingewiesen hatte, das einen neuen Geist in die Stadt hineingetragen hätte und das sich anzusehen lohne (so jedenfalls habe ich es in meiner Vorlesungsmitschrift notiert): Schweizers neues Kollegiengebäude der Universität; eine Empfehlung, die ich gehört und gleich wieder mit erstsemesterlicher Arroganz (na ja: Baugeschichte) zum Rest des Nicht-weiter-zu-Beachtenden abgelegt hatte.

Jetzt aber, da ich in Freiburg war, alles selbst sah und selbst erlebte, zündete der Funke, brannte ein Feuer an, das bis heute noch nicht erloschen ist. Denn es war ja nicht nur die scheinbare Leichtigkeit des Seins dort (meine etwas naive Weltflucht auf den Spielplatz des Freiburger Lebens), die den Tag bestimmten, sondern es waren – natürlich! – die schließlich selbst auferlegten Pflichten, und es war die Architektur, die historische und die gegenwärtige: die Stadt, das Münster, die Universität – die Architektur, deren Wert zu sehen und zu erkennen mir die beiden Bücher eröffnet hatten.

Die Universität also: es gab das alte Billingsche Kollegiengebäude, etwas düster, es gab die neugotische Bibliothek, noch düsterer in den alten Teilen, es gab die Mensa – alle Bauten ziemlich dicht beieinander, aber durch Straßen getrennt (Abb. 3, 4); Einzelgebäude mehr oder weniger (jedes für sich im Stadtraum befestigt), es gab die unzähligen Institute über die ganze Stadt verteilt. Wollte man sich treffen, traf man sich am Eingang des Billing-Baus zwischen Aristoteles und Onassis, wie wir die beiden den Eingang flankierenden Denker spöttisch benannten (Abb. 5). Man traf sich, ging zur Mensa, trennte sich wieder – zum Austausch kaum eine Gelegenheit, und wenn doch, dann nicht hier, sondern abends irgendwo in der Stadt.

Aber dann war eine Wende gekommen: Schweizers neues Kollegiengebäude, das vor kurzem fertig geworden war. Denn Schweizer hatte das gesehen und umgesetzt, nicht nur gesagt (wie so oft), sondern getan, was das »In-lebendigen-Gebrauch-Nehmen« einer Hochschule bedeutet, und das ist der Mensch als Maßstab (und nicht als verschiebbare Maßstabsfigur auf dem Schachbrett tiefgründig zelebrierter grauer Theorien). Und das Ergebnis war, daß sich jetzt ein Hochschulzentrum gebildet hatte (von einem Tag auf den anderen, ohne Werbung ganz aus sich selbst heraus), der Beobachtung folgend, daß Dreck anzieht – liegt irgendwo ein Haufen Abfall, schmeißt man den seinen hinzu, und, wichtiger, daß ebenso Qualität anzieht. Und diese Qualität war gegeben (eben der von Tschira gesehene »neue Geist«) und wurde auch so empfunden, ohne daß man sich der Gründe dieser Qualität bewußt war.

Sogartig anziehend war sie trotzdem (die Qualität), denn, wie gesagt, von einem Tag auf den anderen hatte sich ein wirkliches Zentrum gebildet, weg von Aristoteles et cetera an das neue Gebäude heran, in das neue Gebäude hinein; ein urbanes Zentrum, das durch weite, großzügig dimensionierte Räume zum Sich-Austauschen ebenso einlädt wie zum Denken und Arbeiten. Die Lehrstühle unpathetisch, mit weitgehend verglasten Wänden, so daß man hineinsehen kann und auch hinaus (und die damit das schale Gefühl, hinter einer dumpf zuschlagenden Tür wie im alten Kollegiengebäude einer wie auch immer gearteten Obrigkeit ausgeliefert zu sein, gar nicht erst aufkommen ließen); das Auditorium maximum von respekteinflößender Größe und Würde, die aber nicht beklemmend ist; eine Präsenzbücherei, in der die aktuellen Zeitungen auslagen (mit integrierter Cafeteria und offen zur Eingangshalle – Räume, die von allen spontan angenommen und, wie gesagt, in lebendigen Gebrauch genommen wurden, einschließlich (und besonders) dem Studentencafé oben auf dem Dach mit einer wettergeschützten Terrasse, auf der man, über die Stadt hinweg in die Ferne blickend, seinen Gedanken nachhängen konnte; *konnte*, denn inzwischen hat ein Irgendwer eine schnöde Funktionsabteilung daraus gemacht, und die Präsenzbücherei hat einer Art gehobener Bierschwemme weichen müssen – auch ein Ausdruck unserer anschwellenden Kultur. Eine Dachterrasse also seinerzeit, auf der sich mit dem Blick in die Weite der alltägliche Kleinkram wie von selbst verflüchtigte, auf der man (vielleicht) an das nächste Kolleg dachte, das im Auditorium maximum abgehalten wurde, eine Vorlesung, von der man nichts verstand und sich (quasi als Ersatz) an der Schönheit des Raumes erfreuen konnte (so habe ich es gelegentlich erlebt), und dann verließ man das Kollegiengebäude und der Alltag hatte einen wieder eingeholt.

Das also habe ich gelernt zu sehen, daß es nicht die vollendete, die lupenreine, scheinbar aus dem Nichts entstandene Reißbrettarchitektur ausmacht (so schön und edel sie auch aussehen mag), sondern daß es wesentlich die Maßstabsfrage ist, der vielbesungene Mensch als das Maß aller Dinge; und dieses Maß wird genommen auf dem Fundament, auf der Kenntnis der Tradition, so, wie auch die stadträumliche Position des Schweizer-Baus, seine aufstrebenden Pfeiler, das Material Sandstein nicht ohne die Kenntnis des mittelalterlichen Stadtsystems, nicht ohne Kenntnis der Architektur des nahen Münsters so hätten erdacht werden können. Aus dem Nichts entsteht auch nichts; aus der hohlen Hand kann auch nur Hohles kommen, will sagen: ohne das Bewußtsein auf die Tradition (bezogen auf die Architektur: ohne Bewußtsein auf die Baugeschichte) entsteht nichts von Wert, kann nichts von Wert entstehen, gleich einem Baum, den man pflanzt und ihm vorher die Wurzeln abschneidet – da wartet man auf das Grün im nächsten Frühling vermutlich vergebens; denn das ausschließliche Gefallen am Neuen, schreibt Paul Valéry (und konzentrierter läßt es sich kaum sagen), bedeute einen Verfall des kritischen Verstandes, und den zu bewahren ist für die Jungen ebenso wesentlich wie für die Alten.

In das wahrlich unmögliche Unterfangen, sich in dem beschränkten Umfang eines Essays mit der geschichtlichen Entwicklung der Hochschularchitektur auseinan-

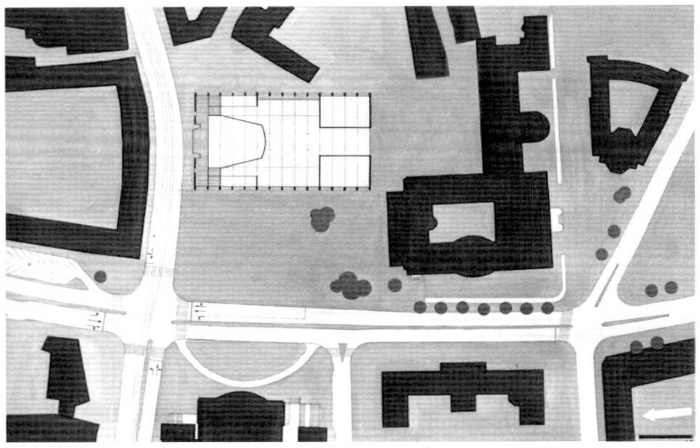

3. Die Kollegiengebäude I und II mit dem Rotteck-Gymnasium und dem Stadttheater unten, Lageplan.
4. Die Kollegiengebäude I und II, Luftaufnahme von Nordwesten. (Photo: Wiederaufbaubüro Freiburg.)
5. Hermann Billing, Kollegiengebäude I, Haupteingangsseite. (Photo: Photo-Stober, Freiburg.)

3. The Kollegiengebäude I and II with the Rotteck-Gymnasium and the Stadttheater below, site plan.
4. The Kollegiengebäude I and II, aerial view from the northwest. (Photo: Wiederaufbaubüro Freiburg.)
5. Hermann Billing, Kollegiengebäude I, main entrance front. (Photo: Photo-Stober, Freiburg.)

and put away in first-semester arrogance as not important (only building history).

But now, being in Freiburg, I saw and experienced, a spark ignited a fire that did not extinguish till today. It was not only the seeming easiness of being (my naïve escapism from the playground of life in Freiburg) which determined every day, no, there were also self imposed duties, architecture, the city of yesterday and today: the town, the Münster, the university – their architecture. The two books enabled me to grasp their worth.

The university: there was Billing's old college building, somewhat sombre, there was the neo-Gothic library, more sombre its old parts, there was the cafeteria – all buildings rather close together, but separated by streets (illus. 3, 4); more or less individual buildings (each in its own city space), and there were countless departments spread over the whole town. In order to meet one went to the entrance of Billing's building, between Aristotle and Onassis, as we called deridingly the thinkers on either side (illus. 5). One met, went to the cafeteria, parted again – hardly a chance for interaction, which only happened in the evening somewhere in town.

But then came the change: the new college building by Schweizer, just completed. Schweizer had acted on the notion of a »living« university, in human scale (where people are not figures on a chequerboard of profound grey theories). The result was the creation of a university centre (from one day to the other, without publicity, by itself) where quality attracted quality. This quality (Tschira's new spirit) was felt without apparent reason.

It developed a pull away from Aristotle etc., establishing a true centre at the new building, in the building, an urban centre, with generous, wide open spaces, inviting discussion, thinking and working.Chairs, welcoming behind largely glazed partitions, allowing a view in and out (eliminating the vapid feeling of being at the mercy of some kind of authority after the door had closed, as in the old Kollegiengebäude); the auditorium maximum of daunting size and grandeur, yet not intimidating; a reading room with current magazines and papers, cafeteria included and open to the entrance hall. All this was immediately adopted and daily used, in particular the students' café on the roof with its sheltered terrace, offering a distant view across town, inviting daydreaming. Since then somebody converted it into a disdainful utility, the reading room mutated into a kind of beer garden – expression of our evolving civilization. Once upon a time there was a roof terrace, which volatilised daily bits and bobs in a far view, maybe leaving a thought about the next course of lectures taking place in the auditorium maximum, incomprehensible lectures being sublimated by the beauty of the space (sometimes my experience). Then one left the Kollegiengebäude and daily routine took over.

Thus I learned to see that not perfect, flawless drawing board architecture (as beautiful and pure as it may look), but rather much praised man as measure of all things is essential. This measure is founded on the awareness of tradition, the urban location of Schweizer's building, its rising columns, sandstone as material related to medieval construction, derived from the familiarity with the Münster. Nothing comes from nothing, an empty hand gives emptiness, so I say: without awareness of tradition (as related to architecture) nothing of value can arise; a tree planted after having had cut its roots will hardly foliate next spring. Paul Valéry writes: »The exclusive gusto for novelty entails the deterioration of a critical mind, so important to be preserved for young and old.«

In the limited scope of this essay I am not even beginning to get involved in the impossible task to discuss the historical development of university architecture, 800 years if we start with the universities of Bologna and Paris (though to investigate history is a prerequisite of scientific work). It would mean to repeat exderzusetzen (und das Geschichtliche zunächst zu hinterfragen wäre ja die Voraussetzung für jedes wirklich wissenschaftliche Tun), mithin rund 800 Jahre, wenn man die Universitäten von Bologna und Paris als Anfang nimmt, in rasanter Schnelle abzuspulen, in ein solches Unterfangen versuche ich gar nicht erst, mich hineinzuschrauben. Denn ich würde zum einen bereits Erarbeitetes nur nochmals – scheinmodifiziert – wiederholen, mich zum anderen zu sehr der Gefahr des Verhedderns und des Ausrutschens auf wissenschaftlichem Glatteis aussetzen und würde damit fast zwangsläufig unter einer beklemmenden Gefühlsmasse zusammensacken gleich jenem Studenten, der – rein hypothetisch gesehen – erstmals in seinem Leben in Erwartung der großen Freiheit die Eingangshalle eines Universitätsgebäudes betritt wie zum Beispiel die, die Giovanni Battista Piranesi (der Kerker-Piranesi) 1750 mit seinem Idealentwurf für eine Universität vorgelegt hat (Abb. 6, 7).[1]

Beängstigende Bilder, tief in der Vergangenheit wurzelnd und der Gegenwart fremd. Wirklich der Gegenwart fremd? Zunächst ist der Entwurf logisch aufgebaut auf der Grundrißfigur konzentrischer Kreise, die in ein Rechteck eingeschrieben sind. In der Mitte der Verbindungsknoten, der mit einem auf den ersten Blick verwirrenden, dann aber doch durchaus ordentlichen Netz an Treppen sämtliche Bereiche erschließt. Im inneren Ring die Lehreinrichtungen: Labore, Seminarräume, Hörsäle; im äußeren Ring, der vom inneren durch einen Wasserzug getrennt ist, die zentralen Einrichtungen: Aula, Bibliothek, Pinakothek, Archive (Horte der Tradition, von Piranesi offenbar erkannt als notwendige Basis allen Fortschritts, ohne die jeder Fortschritt sich in blinder Fortschrittswütigkeit verliert), Mensa und Kapelle (eine Tradition, die sich bis weit in das 20. Jahrhundert gehalten hat: der volkstümlich bekannteste Bau des Illinois Institute of Technology in Chicago von Mies van der Rohe zum Beispiel ist kein Institutsgebäude, sondern die Studentenkapelle (Abb. 9)), und an diesen äußeren Ring angehängt eine Kathedrale als Repräsentant des Sakralen, ein Theater als Repräsentant des Musischen, eine Reitbahn als Repräsentant des Vitalen,[2] Wohnungen für Professoren, Studenten und Priesterschaft sowie der Eingangstrakt mit Verwaltung, Rektorat und, so Piranesi, mit »majestätischen Säulenhallen«, in denen man sich ein drängendes Gefühl der Verlorenheit schon vorstellen kann, drängend zum Weglaufen in Richtung freier Natur.

Also eine Hochschulanlage, die hätte funktionieren können, die, wie gesagt, logisch aufgebaut ist, und logisch aufgebaut ist auch die Hochschule von Mies van der Rohe (Abb. 8): eine Fläche mit verschiedenen Institutsbauten darauf, die in den Stadtbrei von Chicago so mehr oder weniger urban eingesenkt ist. Piranesi und Mies van der Rohe, 1750 und 1938; ein kompaktes Gebäude hier, eine Art wissenschaftlicher Streusiedlung dort; beide funktionsgerecht, der Lehre und der Wissenschaft förderlich – vielleicht. Eines aber sind sie nicht, und damit bin ich wieder beim Gefühl meines hypothetischen Studenten, behaglich sind sie nicht. Das eine eine Art Wissenschafts- und Lehrkerker, das andere eine Freigänger-Anlage.

Wären diese beiden Projekte, Saarbrücken 1951 und Martinsried 15 Jahre später (Abb. 10, 11), beide entworfen von Egon Eiermann, behaglicher, einladender, menschlicher? Das eine Projekt, Universität Saarbrücken, mit einem kreuzförmig angelegten Campus, eine Plattform aus dem welligen Gelände herausgestanzt, auf der die Institutsgebäude, die Verwaltungstrakte, ein botanischer Garten und das Auditorium maximum als Mitte wie auf dem Tablett serviert stehen; diszipliniert, alles im rechten Winkel, nur die Kapelle im Abseits – eine Neuinterpretation der Hochschule von Mies van der Rohe, nur etwas weniger großstädtisch. Das andere Projekt, Martinsried, eine Wissenschaftszelle im Alpenvorland; auch geordnet um einen Campus mit den zentralen Einrichtungen darauf (gleich einem antik-römischen Cardo, der ein Kastell in zwei Hälften teilt); ein Kastell hier, das von einer übermannshohen Mauer umschlossen ist, Kantenlänge 450 m.

Kastell? Kloster? Denkzelle oder Denkfabrik? Piranesi-Kerker im modernen Gewande? Behaglich? Einladend? Erst (Schinkel) erfreuend, dann belehrend? Erfreuen tun diese Projekte (Piranesi, Mies van der Rohe, Eiermann, Chicago, Saarbrücken, Martinsried) – erfreuen tun diese Projekte schon, die Sinne des Architekten. Und das Herz eines Bauhistorikers lassen sie höher schlagen (gelegentlich und nicht zu hoch). Aber auch das des Lehrenden, des Forschenden und besonders das der Klientel beider, der Studenten? Erfreuen?

Erfreut war ich selbst, um für einen Moment nochmals ins Autobiographische einzutauchen (denn das Selbsterlebte überzeugt eher als das nur Nachempfundene), erfreut war ich ja weniger, bis der Ruf aus Freiburg hallte, der so ziemlich alles umgekrempelt hatte, was mich bis dahin bewegte; *und* ein Ruf aus Bochum (auch von Schulfreunden), nicht die Stadt, wohl aber die Universität, seinerzeit als eine Art Ideal einer Campus-Hochschule in aller Munde, zu meiden, gegebenenfalls weiträumig zu umfahren, was ich auch tat. Fazit: die Campus-Hochschule, das Konzentrierte, das Geordnete, das Ordentliche um einen Kulminationspunkt (um einen Campus also) ist noch kein Garant für Urbanität im weitesten Sinne, ohne die das Leben in falschen Bahnen läuft.

Piranesis Hochschulkomplex – Urbanität? Begegnung, schöpferisches Verweilen auf einem Campus-Rasen, wie man es von englischen Kultureinrichtungen kennt: Oxford, Cambridge, Glyndebourne? Die hinführende Straße an den Piranesi-Komplex heran könnte man sich so vorstellen (Abb. 13): großzügig (wie Piranesis Eingangshalle), licht, luftig, weit zweifelsfrei, und: beängstigend in ihrer Trostlosigkeit. Das ist natürlich nicht Piranesi, sondern das ist die »Straße der Naturwissenschaften« in Bochum, und ich kann meinen Schulfreund verstehen: renn' weg!

Menschlicher Maßstab? Den Maßstab zeigen der Grundriß des Gesamten und ein Blick auf die Institutsgebäude (Abb. 12, 13). Eine Einrichtung für 10 000 Studenten seinerzeit. Wie vorhin bei Mies van der Rohe und Eiermann: logisch aufgebaut, funktionsgerecht, ordentlich. Zu ordentlich? Funktioniert ein Mensch (in Zucht und Ordnung)? Ein kreuzförmiger Campus, das Auditorium maximum fast in der Mitte (wie in Saarbrücken, wenn auch in mächtigeren Dimensionen), die »Straße der Naturwissenschaften« trostlos in ihrer Dehnung. Man braucht keine Phantasie, um zu sehen: ein Campus-Leben (wie gesagt: Lehren, Forschen, Lernen, Leben in Tateinheit) – ein Campus-Leben, wie man es sich in schöner Illusion vorstellt, führt sich hier in dieser Öde unübersehbar ad absurdum; hier wird der Mensch zum Gefangenen seiner selbst.[3]

Campus-Hochschule. Macht es die Größe aus? Die Konstanzer Universität ist auch eine Neugründung auf grüner Wiese abseits der eigentlichen Stadt, ursprünglich (um 1967) angelegt für 3000 Studenten (Abb. 14, 15).

Grundriß

6. Giovanni Battista Piranesi, monumentale Säulenhalle, 1750, Projekt.
7. Giovanni Battista Piranesi, Universitätsgebäude, 1750, Projekt.
8. Ludwig Mies van der Rohe, Illinois Institute of Technology, Chicago, Photomontage der Gesamtanlage, 1947. (Photo: Hedrich-Blessing.)
9. Ludwig Mies van der Rohe, Kapelle und Studentenheim des Illinois Institute of Technology, 1949–52 bzw. 1951–53. (Photo: Balthazar Konrab.)
10. Egon Eiermann, Erweiterung der Universität Saarbrücken, 1951/52, Projekt.
11. Egon Eiermann, Biochemisches Zentrum der Max-Planck-Gesellschaft, Martinsried bei München, 1966, Projekt.

6. Giovanni Battista Piranesi, monumental columned hall, 1750, project.
7. Giovanni Battista Piranesi, university building, 1750, project.
8. Ludwig Mies van der Rohe, Illinois Institute of Technology, Chicago, photomontage of the total complex, 1947. (Photo: Hendrich-Blessing.)
9. Ludwig Mies van der Rohe, chapel and dormitory of Illinois Institute of Technology, 1949–52 and 1951–53 resp. (Photo: Balthazar Konrab.)
10. Egon Eiermann, enlargement of Saarbrücken University, 1951/52, project.
11. Egon Eiermann, biochemical centre of the Max-Planck-Gesellschaft, Martinsried near Munich, 1966, project.

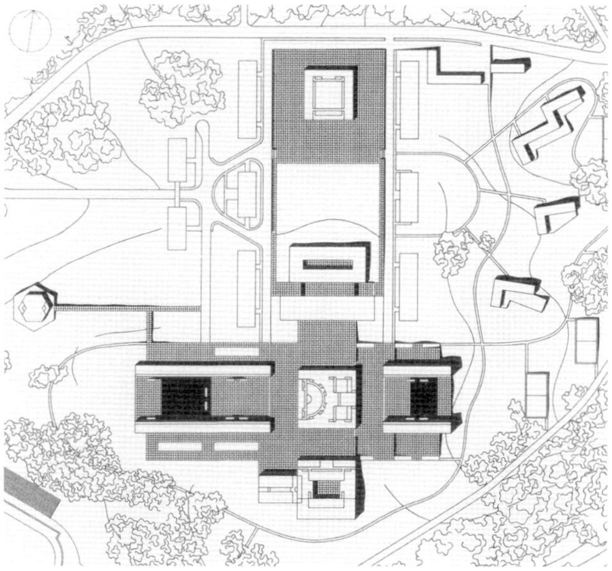

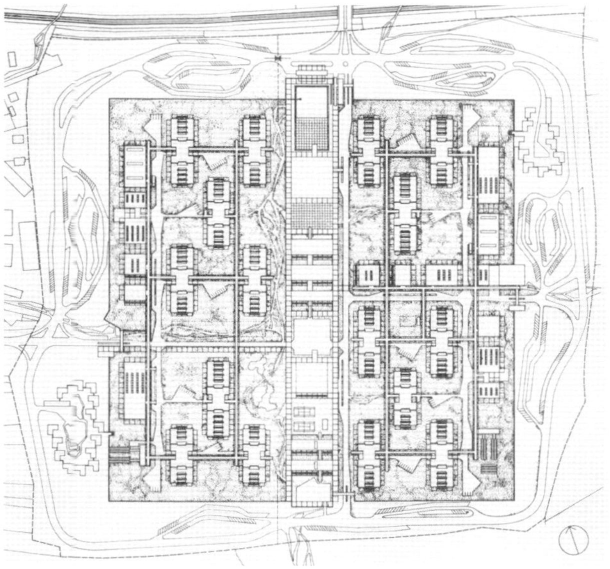

isting work, albeit modified, exposing me to the danger of entanglement and slipping on academic glaze ice. It could lead to being crushed by feelings like those of the student who for the first time, expecting freedom, enters a university building such as Giovanni Battista Piranesi (the Carceri Piranesi) presented in 1750 as the ideal design of a university (illus. 6, 7).[1]

Frightening images, rooted in the deep past, today looking strange. Really strange at present? For a start the design is logically developed on a plan of concentric circles inscribed in a rectangle. In the middle a connecting node, confusing at first sight, but consisting of an orderly system of stairs opening up all parts. In the inner circle are the teaching facilities: laboratories, classrooms, lecture halls; in the outer circle, separated from the first one by water, are the central facilities: assembly hall, library, art gallery, archives (hoard of tradition, considered by Piranesi as necessary basis for progress, without which any progress would become a blind drive for innovation), cafeteria and chapel (a tradition carried far into the 20th century: the most widely known building of Mies van der Rohe's Illinois Institute of Technology in Chicago is not an academic building but the students' chapel (illus. 9). Attached to this outer ring is a cathedral representing the sacred, a theatre, representing the artistic, a hippodrome representing vitality;[2] furthermore dwellings for professors, students and priests and the entrance wing with administration, chancellery and, according to Piranesi, »majestic peristyles«, in which one could get lost before escaping into nature.

After all, a workable university complex logically developed like the university by Mies van der Rohe (illus. 8): a spread of various department buildings, more or less immersed in the urban mash of Chicago. Piranesi and Mies van der Rohe, 1750 and 1938; here a compact building, there a scattered academic settlement, both functional, maybe conducive for science and instruction. But surely, they are not comfortable, as feels my hypothetic student. The one is a gaol of science and teaching, the other a kind of academic bail hostel.

Would two projects by Egon Eiermann: Saarbrücken 1951 and Martinsried 15 years later (illus. 10, 11) be more inviting, more human? The project for a university of Saarbrücken, a cross shaped campus on a platform cut out of a rolling landscape, with academic buildings, administration, a botanical garden and the auditorium maximum that are presented like on a dinner tray; disciplined, at right angles, only the chapel apart – a reinterpretation of Mies van der Rohe's university only less urban. The other project, Martinsried, a nucleus of science in the pre-Alps; also orderly arranged as a campus with central facilities (like a Roman cardo divides the castle in two halves); here a castle enclosed by a more than six-foot wall with 450 m edge length.

Castle? Monastery? Think tank? Piranesi's gaol in new guise? Cosy? Inviting? First pleasing (Schinkel) then teaching? All these projects (Piranesi, Mies van der Rohe, Eiermann, Chicago, Saarbrücken, Martinsried) are pleasing – to the senses of an architect. They make the heart of a building historian beat faster (sometimes and not too much). But also of the instructors, the researchers and above all the clients of both, the students? Pleasing?

To return to my own biography (as own experience teaches more than the study of references), I was not pleased until the call of Freiburg came, changing everything; and a call from Bochum (also by schoolmates), not the town but the university, once renown as an ideal campus, now to be avoided, to circumnavigate, as I did. Conclusion: The campus university, concentrated orderly, is no guarantee for urbanity in the widest sense, without which life takes a wrong course. Piranesi's university complex – urbanity? Encounter, creative lingering on a campus lawn as found in English cultural institutions: Oxford, Cambridge, Glyndebourne? The road leading to the Piranesi complex could be something like this (illus. 13): ample (like Piranesi's entrance hall), light, airy, surely large, and frightening in its bleakness. Naturally, this is not Piranesi but the Street of Natural Sciences in Bochum – I understand my schoolmate: beat it!

Human scale? Scale can be seen in the over-all plan and by a glance at the departments (illus. 12, 13). Once established for 10 000 students. As above by Mies van der Rohe and Eiermann: logically organised, functional, orderly. Too orderly? Does man function through discipline and order? A cross shaped campus, the auditorium maximum nearly in the centre (like in Saarbrücken, only bigger), the Street of Natural Sciences desolate in its extent. You need no fantasy to see: campus life (teaching, researching, learning and living combined)

Auch eine Campus-Anlage, wenn sich auch der Campus nicht gar so ordentlich, nicht gar so klinisch rein, eher etwas symphatisch-unordentlich abzeichnet.[4] Vielleicht ist das der menschliche Maßstab. Denn der ist gewahrt, weil der Mensch (der Lehrende, der Forschende, der Student) von den Planern eben als Mensch gesehen und eingesetzt wurde und nicht als geometrischer Faktor, der sich (bei Mies van der Rohe, bei Eiermann, in Bochum) quasi im rechten Winkel bewegen muß, um das geradlinige Konzept nicht zu stören (etwas übertrieben gesagt).

Die Konstanzer Campus-Universität ein Leitbild? Sie ist ein Leitbild für mich, aber sie ist nicht das Leitbild allein, denn ich hatte ja noch meine Freiburger Erfahrung, und in Freiburg war von Campus keine Spur. Es gab, wie gesagt, das alte Kollegiengebäude von Hermann Billing, es gab die weitgehend neugotische Bibliothek, es gab die Mensa; nah beieinander liegende Einzelgebäude, irgendwie durch das Netz der Straßen in ihrem stadträumlichen Charakter bestimmt, und es gab Institutsräume überall in der Stadt. Von Gemeinschaftlichem keine Spur.

Aber dann kam der Umbruch, und der wurde mir zu einem prägenden Erlebnis: das neue Kollegiengebäude II des Architekten und hochgeachteten Lehrers aus Karlsruhe, Otto Ernst Schweizer[5] – das studentische Leben mit diesem Haus, das Leben in diesem Haus. Zunächst baut Schweizer einen kantigen Block, durchaus nicht heimelig, sondern eher spröde. Diesen Block rückt er (und das war eine entscheidende Tat) um die Breite des Billingschen Kollegiengebäudes aus der Bauflucht zurück, so daß (dem Stadttheater direkt gegenüber) ein freier Bezirk, ein grüner Rasen mitten in der Stadt gewonnen wird (Abb. 16). Schweizer verschenkt sozusagen teuersten Baugrund für eine leere Fläche, mit Henry Moores *Reclining Figure* als einer Art geistigem Haltepunkt, erreicht damit aber einen Ort von höchstem urbanen Wert, an dem sich Kunst und Wissenschaft, Lehren, Forschen, Lernen begegnen, an dem man sich erholen kann auf hohem Niveau (und wenn nötig, auch auf niedrigerem, will sagen: mit dem Buch in der Hand oder der Sonne im Gesicht).

Und im Inneren des Hauses (als Folge des Äußeren) bindet Schweizer Räume zusammen mit einer – ja, ich sage: mit einer akademischen Atmosphäre (offen, durchsichtig, fern von jedem »Muff unter den Talaren seit 1000 Jahren«), Räume, die von allen spontan angenommen und in den schon angesprochenen lebendigen Gebrauch genommen wurden.

Die Erdgeschoßhalle mit umlaufender Galerie zwei Geschosse hoch, zum Außenraum weitflächig und sprossenlos verglast, die durch den ganzen Bau hindurchgreift (und damit einen verkürzten Weg in die Altstadt bietet) und über die das Auditorium maximum sowie zwei kleinere Hörsäle erschlossen werden, auch die Präsenzbücherei seinerzeit (heute, wie gesagt, getilgt); eine Halle, in der man flanieren, sich bewegen und im Sichbewegen denken und sich unterhalten kann, derart, wie es Sokrates in der Stoa von Athen propagiert und auch getan hat – heute vielleicht angesichts weitgehender Verschulung des Hochschullebens eine eher romantisch-wirklichkeitsfremde Vorstellung, wenn auch mit Sehnsuchtstendenz zur Wahrung altbewährter Qualitäten. Und darüber dann ein über fünf Geschosse sich erstreckender Raum, eine Art Denklobby, die die Lehrstühle erschließt, in der man auf den weiten Emporen arbeiten, sich konzentrieren kann; ein Raum der Stille, der jede Enge, auch jede innere Beengtheit vergessen läßt. Und noch oberhalb dieses Raumes lag (sozusagen über den Köpfen der Professorenschaft im Sinne umgekehrt hierarchischen Denkens) das – inzwischen dem Rationalisierungsrotstift geopferte – Café für die Studenten, belebt durch die farbig gefaßten Räder der vitrinenartig inszenierten Aufzugsmaschinen – ein sich bewegendes Kunstwerk, ohne aber Kunst sein zu wollen.

Man muß die Räume gesehen, die Raumfolge abgeschritten haben – erst dann erkennt man wirklich, daß die Wegeführung von draußen durch die Eingangshalle in diesen oberen Raum hinein (und die damit verbundene Empfindungssteigerung) geradezu raffiniert angelegt ist, und es ist schon fast ein barockes Erlebnis, wenn man aus der weiten, ohne jeden theatralischen Effekt auskommenden unteren Halle über eine eher bescheidene, im Hintergrund und schon eigentlich außerhalb des Ganzen gelegene Treppe in den hohen und von Licht geradezu überfluteten oberen Raum hineingelangt – »eine geniale Raumverschwendung«, wie es hieß. »Die Halle ist weit mehr als ein Verteilerprinzip, von dem die Verkehrswege durch sechs Geschosse abzweigen, ist eigentlich der Versuch, das strebend Ziellose des akademischen Prinzips, die sich mischenden Gruppen, das Lösen und Finden von Kontakten, dieses merkwürdige Medium der Freiheitlichkeit in einer Architekturform zu binden, in einem solchen Haus, das noch nicht zur Lernfabrik entartet ist. Hier galt es, gegen den Zellenbau und die rationale Schablone unserer modernen Großarchitekturen, die so peinlich die geordnete Gleichförmigkeit unseres Daseins widerspiegeln, eine Gegenkraft zu errichten, nämlich durch die Halle als Symbol und Schale des beweglichen Geistes.«[6]

Das also habe ich – via Karlsruhe, Freiburg, Bochum, via Piranesi, Mies van der Rohe, Eiermann – gelernt zu sehen, daß es nicht die makellose Reißbrettarchitektur ausmacht, der Goldene Schnitt als das so mehr oder weniger Non-plus-ultra architektonischen Tuns, sondern daß wesentlich die Maßstabsfrage, eben der Mensch als das Maß aller Dinge, daß allein diese irrationale Frage bzw. die richtige Anwort darauf das Entscheidende ist für eine lebende Hochschule. Schweizer hat eine richtige Antwort gefunden.

Durchaus vergleichbar in Funktion und Anspruch, haben van den Broek und Bakema mit ihrem Kollegiengebäude in Delft für mich dagegen eine richtige Antwort nicht gefunden (Abb. 17), denn dieser Walfisch aus Beton wird von den Menschen nicht angenommen, jedenfalls nicht im Sinne eines akademischen Gebrauchs, wie ich ihn verstanden haben möchte, denn hier eilen die Lehrenden und die Lernenden hin, tun ihre Pflicht und laufen dann wieder weg – von Urbanität keine Spur.

Das Gebäude ist schon durchdacht, der Grundriß bestens disponiert, die Proportionen ausgewogen, vielleicht sogar schön. Aber das Beängstigende, das Menschen-Abweisende steht unübersehbar über dem anderen; dieses mächtige Maul, das einen verschluckt (und hoffentlich auch wieder ausspuckt), die in ihrer Gestaltung geradezu brutale Rückseite mit dem beängstigenden Gesicht einer Militär-Maschinerie, die erdrückenden Massen – ein beeindruckender Solitär zweifelsohne, an dem man nicht so ohne weiteres vorbeigeht, aber: sich wohlfühlen, ein Ort des behaglichen Verweilens, dem Augenblick Dauer verleihen? Wohlgefühlt habe ich mich jedenfalls nicht; ich war froh, wieder draußen zu sein in der wärmenden Sonne, und der Bochumer Ruf »Renn' weg!« hallte so ein bißchen nach.

12, 13. Hentrich-Petschnigg & Partner, Universität Bochum, Institutsgebäude und Straße der Naturwissenschaften, 1963–67. (Photos: Manfred Hanisch.)
14, 15. Universitätsbauamt Konstanz, Universität Konstanz, 1964–72, zentraler Innenhof mit Mensa und Lageplan.
16. Die Kollegiengebäude I und II, das inzwischen abgebrochene Rotteck-Gymnasium und das Stadttheater, Luftaufnahme von Südosten. (Photo: Schreiber.)

12, 13. Hentrich-Petschnigg & Partner, Bochum University, department buildings and Straße der Naturwissenschaften (street of natural sciences), 1963–67. (Photos: Manfred Hanisch.)
14, 15. University building department, Konstanz University, 1964–72, central inner court with cafeteria and site plan.
16. The Kollegiengebäude I and II, the Rotteck Gymnasium, now demolished, and the Stadttheater, aerial view from the southeast. (Photo: Schreiber.)

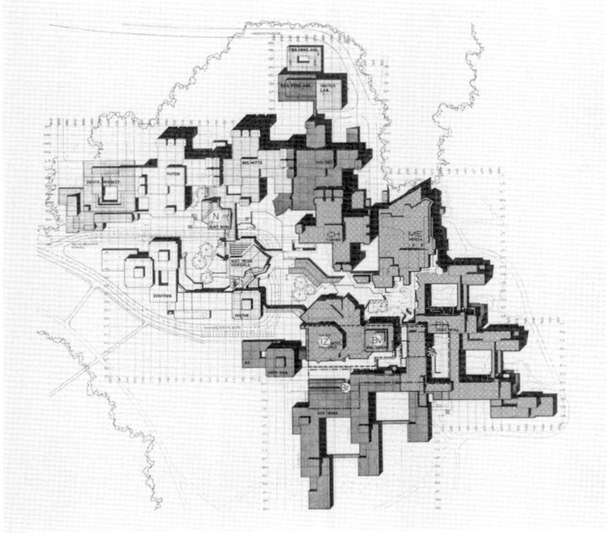

as imagined was an illusion and definitely carried ad absurdum in this waste; here man becomes his own prisoner.[3]

Campus university. Is it the size? Also Konstanz University is newly founded, on a green field apart from the actual city, originally (about 1967) planned for 3000 students (illus. 14, 15). It does not look so orderly, not clinically clean, rather an appealing bit dishevelled.[4] Maybe it's the human scale. It is maintained because people (the teacher, the researcher, the student) were treated as human beings and not as a geometric element, moving in a rectangular grid, in order not to disturb the straight line concept (said with a bit of exaggeration).

The Konstanz university campus a model? For me it is a model, but not the only one, due to my experience in Freiburg, and in Freiburg there was not any trace of a campus. There was the old college building by Hermann Billing, there was the mostly neo-Gothic library, the cafeteria; closely placed individual buildings, their urban character somehow defined by a network of streets. Departments were spread all over the city, not a trace of commonality.

But then came the turnabout and I had a defining experience: the new Kollegiengebäude II by Otto Ernst Schweizer, architect and distinguished teacher from Karlsruhe[5] produced student life in this building, a lively building. To begin with, Schweizer builds a square-edged block, not at all cosy, rather brittle. He pushes this block (and that was decisive) behind the building line by the width of Billing's Kollegiengebäude, creating an open field, (directly opposite to the Stadttheater), a green lawn in the middle of town (illus. 16). Schweizer gives away, so to speak, a most expensive building area as empty space, with Henry Moore's *Recling Figure* as sort of an intellectual focus. With it he accomplishes a space of highest urban value, where art and sciences, teaching, researching and learning meet, including recreation on a high level (or on a lower one, with book in hand or face in the sun).

Inside the building (similar to the outside) Schweizer combines spaces in an academic ambience (open, transparent, far from 1000 years of musty smell under caps and gown). Spontaneously the building was adopted and filled with lively activity.

The ground floor hall with a two storey gallery, glazed to the outside without divisions, penetrates the whole building (allowing a short cut to the inner city) connecting with the auditorium maximum and two smaller lecture halls. It also lead once to the reading room (today eliminated), but still is a hall for strolling, for thinking and conversing while moving, such as Socrates did in the Stoa of Athens. This may be a romantic notion, a longing for old qualities, given the over-administration of universities. Then above it five storeys of space, a kind of mental lobby, opening to the departmental chairs, with wide open galleries for work and concentration; a silent space, eliminating narrowness or any inner constriction. On top of this space (so to say above the heads of the professors, in a reversal of hierarchy), there was the students' café, enlivened by the colourful elevator gears in their show-case, a piece of art in motion without being art.

Only after seeing the spaces, walking through their progression, one can realise the ingenious handling of volumes (with rising intensity of sensation), and it is

17. J.H. van den Broek und J.B. Bakema, Hörsaalbau und Institutsbauten der Technischen Hochschule Delft, 1959–66. (Photo: *Architektur und Wohnform*, 1967, 8.)
18, 19. Alvar Aalto, Rathaus in Säynätsalo, 1949–52, Eingangsseite (Photo: Eino Mäkinen) und Grundriß des Hauptgeschosses.
20–22. Alvar Aalto, Hauptgebäude der Technischen Hochschule Otaniemi, 1955–64, Luftbild von Südosten (Photo: *DLW-Nachrichten*, 1965, 38), Auditorium maximum (Photo: Eva und Perti Ingervo) und Grundriß des Hauptgeschosses.

17. J.H. van den Broek and J.B. Bakema, lecture halls and department buildings of Delft Technical University, 1959–66. (Photo: *Architektur und Wohnform*, 1967, 8.)
18,19. Alvar Aalto, town hall in Säynätsalo, 1949–52, entrance side (Photo: Eino Mäkinen) and main-floor plan.
20–22. Alvar Aalto, main building of Otaniemi Technical University, 1955–64, aerial view from the southeast (Photo: *DLW-Nachrichten*, 1965, 38), auditorium maximum (Photo: Eva and Perti Ingervo), main-floor plan.

Ist es, nochmals gefragt, die Größe, die Masse? Sind es die Proportionen, ist es das Material? Kann man sich vorstellen, daß ein Architekt, der eine Rathaustreppe baut (es ist eine der beiden Haupttreppen) mit Setzstufen aus Holzbrettern und Trittstufen aus Gras (Abb. 18, 19), daß ein solcher Architekt am Menschen vorbeiplant und ihn nicht sieht als den wesentlichen Eckpfeiler seiner Architektur? Wäre nicht, mit Verlaub, in Deutschland umgehend jemand zur Stelle beordert, mit dem Flammenwerfer die Natur zu tilgen, um den Betonstein-Lieferanten ihre Chance zu geben? Das Natürliche reinlichst in Schlips und Kragen gepreßt gleichsam der Totalversiegelung eines gewachsenen Auto-Parkplatzes, die Natur zurückgedrängt, den Vögeln am liebsten das Nisten verbietend, um den Lack unbefleckt und rein zu halten, persilrein? Läß ein Architekt den Menschen außer acht, der die Baumaterialien so wählt wie eben an diesem Haus, dem Rathaus von Säynätsalo, einer kleinen Industriestadt im südlichen Finnland: Gras (wenn es denn gegen jede Gewohnheit als Baumaterial angesehen werden darf), Holz und Backstein im wesentlichen? Den kleinmaßstäblichen Stein für den kleinen ebenso wie für den großen Bau mit ebenso feiner Proportion und damit dem menschlichen Auge, dem Auffassungsvermögen einen festen Halt bietend?

Der Architekt: Alvar Aalto. In Otaniemi nahe Helsinki baut er das Hauptgebäude der Technischen Hochschule mit den Abteilungen Architektur und Geodäsie, aus Backstein (Abb. 20–22); gleichermaßen feingliedrig wie großzügig, die Architektur mit der Natur verschmolzen und zu einer Einheit verbunden, überschaubar, erlebbar; im Erleben Schweizers Kollegiengebäude zu vergleichen, so unterschiedlich, ja geradezu konträr die architektonischen Formen auch sind. Hier (in Otaniemi) ein offener, auf die Landschaft bezogener, besser: in die Landschaft hineingreifender Campus, dort (in Freiburg) ein innerer, weitgehend von – raumhoch verglasten – Wänden umschlossener, mit einem wie additiv vorgelagerten Freiraum, der auf das städtische Umfeld reagiert – Orte, über die man nicht wahrnehmungsgedämpft hinüberhastet, keine öden Flächen, gehöht mit ein bißchen Gemütlichkeitsgrün oder ein bißchen Kunst am Bau.

Ich kenne Aaltos Hochschule nicht aus eigenem Sehen (und deswegen der Umweg über die Rathaustreppe und den Backstein), aber ein Kommilitone hat dort einige Semester studiert und mir geschrieben, hier zu leben und zu lernen sei ein Zauber: die Intimität der Hochschule, die Ruhe, die über allem liege (die aber keine Friedhofsruhe sei), die Atmosphäre, in der Abstand (ohne den wir keinen Atem haben) nicht zur Entfernung werde; im Draußen und Drinnen, in den Naturräumen, in den Institutsräumen, in den Hörsälen, im Auditorium maximum (Abb. 21), das eine Art innerer Würde ausstrahle, die sich auf das Gemüt übertrage; ein bißchen von der Alltagswelt abgehoben (und ein bißchen abgehoben ist ein Studium und soll es auch sein), großzügig, weit und doch Geborgenheit ausstrahlend, eben: menschlich; derart, wie ich es selbst in Freiburg empfunden habe.

Ist es also die Größe, sind es die Proportionen, ist es das Material? Es ist von allem etwas. Aber das Eigentliche ist (nochmals und immer wieder) der Mensch als Maßstab. Und: es ist keine Frage von konservativer oder nicht konservativer Architektur, von modern oder nicht modern (was ist schon modern? »Modern« läßt sich auch auf der ersten Silbe betonen und ergibt dann einen anderen, einen konträren Sinn). Piranesi ist nicht modern, aber sein Kollegiengebäude würde wohl funktioniert haben, wie auch Bochum funktioniert oder Delft. Aber wiederum gefragt: funktioniert ein Mensch?

In Rom planen und bauen Giacomo della Porta und Francesco Borromini, beide Stars des italienischen Barock, ab 1572 die Sapienza, die römische Universität (Abb. 23). In den beiden Hauptgeschossen die universitären Einrichtungen, Hörsäle, Seminarräume, die Bibliothek und Verwaltung, erschlossen über offene Arkaden (also eine Art Laubengang-Typ), in den beiden Geschossen darüber, erschlossen über interne Treppen, Wohn- und Schlafräume für die Nutzer; alles gruppiert, um einen introvertierten (aber nicht einengend wirkenden) Innenhof; und als zeitgebunden-insziniertes Finale (dem Eingangstrakt direkt gegenüber) die Kirche S. Ivo, Borrominis Meisterwerk.

Eine Kompaktanlage (gleich Piranesis Projekt) mitten in Rom. Sie funktioniert, wie auch Piranesis Universität funktioniert hätte. Aber sie funktioniert in akademischen Dimensionen: Man fühlt sich geborgen, aufgehoben – ich habe es, wenn auch nicht als Student, selbst erlebt. Eine Insel der Konzentration im Lärm der Metropole, erfüllt mit ordnender Geschäftigkeit, selbst heute noch, obwohl seit langem nicht mehr die Universität, sondern das Staatsarchiv hier seinen Sitz hat; ein Archiv, das zwar nicht universitätsfremd ist (ist nicht jede Bibliothek eine Art Archiv?), aber doch nicht unbedingt für pulsierendes Leben steht.

Und dazu hier (in den beiden Obergeschossen) noch ein Gedanke, den sich Piranesi zu eigen gemacht hat, auch Mies van der Rohe in Chicago, Eiermann und Bochum aber nicht, eine Chance, die aus meiner Sicht die Planer der Konstanzer Universität nicht genutzt haben

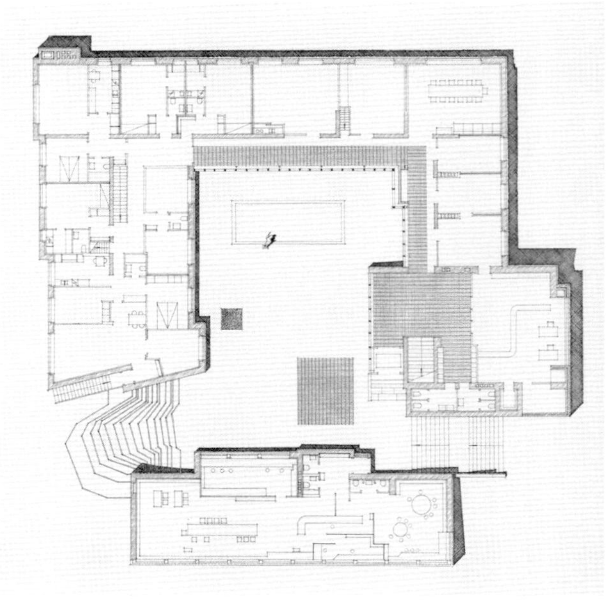

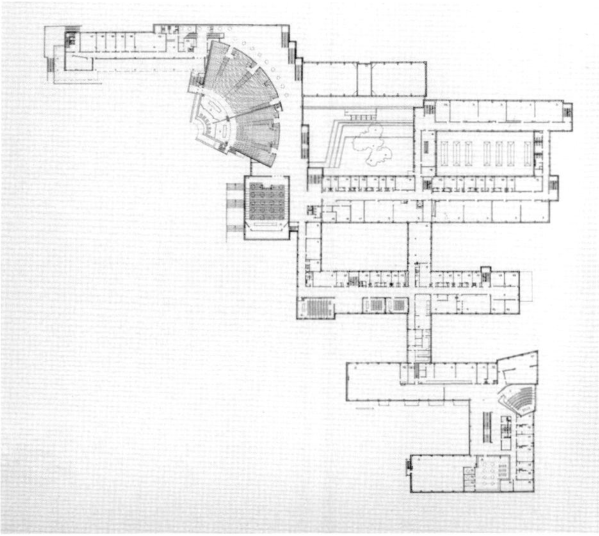

nearly a Baroque experience when moving from this not at all theatrical hall via simple stairs in the background into another high space flooded in light – »a brilliant waste of space« it was said. »The hall is much more than a distribution space serving six storeys; it is the attempt to express architecturally the academic principle of searching, the mixing of groups, the making and losing of contacts, the strange medium of freedom. It is a building not yet degenerated into a learning factory, it works against division into cells and the rational patterns of our mega architecture, which painfully reflects the strict uniformity of our being. The hall is a symbol and shell of versatile spirit.«[6]

That's what I have learnt to see – via Karlsruhe, Freiburg, Bochum, via Piranesi, Mies van der Rohe, Eiermann: not flawless drawing board architecture or the golden section are the ultimate in architectural composition, but the correct answer to the fundamental requirement of man as measure of all things that determines a living university. Schweizer found the correct answer.

Although by all means comparable in function and requirements, did van den Broek and Bakema not find the correct answer with their college building in Delft (illus. 17), because people did not accept this concrete whale, at least not in the sense of academic utility as believed by myself. All the teachers and students fulfil their duty and leave – no trace of urbanity.

The project is well thought through, the plan well laid out, balanced proportions, maybe beautiful. But the disturbing, people rejecting element dominates, this huge muzzle gulping you up (and hopefully again disgorges), the brutally designed backside with a frightening face of a military machine, the crushing masses; without doubt an impressive solitaire, never unnoticed, but: to feel at ease, a place for relaxed pause, to hold on to the moment? I was not at ease and happy to be outside again in the warming sun, the Bochum call »beat it!« resonated on.

To put the question once more: is it size, mass? The proportions, the materials? Can one imagine an architect who builds the stairway of a town hall (it is one of the two main stairs) with wooden treads and grass risers? (illus. 18, 19). An architect who designs without regard for man, not considering man as the corner post of architecture? Would not in Germany, pardon my saying so, at once somebody be dispatched to efface nature with a flame thrower giving the concrete contractors a chance? The natural being squeezed clean by tie and collar, like a totally sealed parking lot, nature pushed away, the nesting of birds forbidden in order to keep the car bodies clean, Persil clean? Does an architect disregard people if he chooses materials like here, the town hall of Säynätsalo, a small industrial town in southern Finland: grass (if it can be considered a building material against all habit), and mostly wood and brick? The small sized stone for little and big buildings, with subtle proportions, giving the human eye a reference for judgement?

The architect Alvar Aalto. He built in Otaniemi near Helsinki the main building of the technical university with departments of architecture and geodetics in brick masonry (illus. 20–22), as one whole, straightforward and easy to grasp, comparable with Schweizer's Kollegiengebäude – as different, even contrary, the architectural forms may be. Here (in Otaniemi) an open, landscape-related, better: into the landscape reaching campus, there (Freiburg) an internal mostly glazed-in court, with a spreading open space in communication with the urban fabric. Places not being crossed in blind haste, no barren areas maybe enhanced with a little comfy green or a little bit of art

I haven't seen Aalto's university myself (therefore the detour via the city hall stairs and bricks), but a fellow student studied there for a few semesters and he wrote, there to live and learn is magic: the intimacy of the university, the prevailing calmness (not a cemetery's quietude), the atmosphere, in which distance (needed for breathing) does not become separation; outside and inside, on natural ground and in departmental spaces, in lecture halls and in the auditorium maximum (illus. 22). It radiates an inner dignity that communicates with your mind, drawing you a bit out of daily routine (and studies should be a little out of the ordinary), generous, open and yet infusing shelteredness: being human, such as I experienced in Freiburg.

Is it size, or proportions, or materials? A bit of each. But at the core is man (time and again): human scale. It is not a question of conservative or progressive architecture, of modern or not modern, (what is modern, after all? If you emphasise the first syllable of »modern« it turns into a contrary sense). Piranesi is not modern but his university would have functioned, as also Bochum or Delft is functioning.

Around 1572 Giacomo della Porta and Francesco Borromini, both stars of Italian Baroque, were planning and building in Rome the Sapienza University (illus. 23). In both main floors are university facilities, lecture halls, seminary rooms, library and administration, reached via open arcades (a kind of gallery), on top of it and reached by internal stairs are living and sleeping quarters for the occupants, everything grouped around an introverted (not constricting) court and, staged in line with the times, facing the entrance, Sant' Ivo alla Sapienza church, Borromini's masterpiece.

A compact compound (like Piranesi's project) in the middle of Rome. It works, such as Piranesi's university would have worked. But it works in academic dimensions. One feels to be in good hands, being sheltered – I experienced it myself, though not as a student. An island of dedication in the din of the metropolis, filled with orderly activity, even now, no more being a university but the seat of the public records office: an archive not foreign to a university (isn't every library a kind of archive?), but not necessarily a place of vibrant life.

And a further thought (in the two upper floors), adopted by Piranesi, as well as Mies van der Rohe in Chicago, Eiermann or Bochum, a chance not used by the planners of Konstanz University (who did not want or were not able to pursue), to combine studying and living on one campus, similar to a social centre in premodern times, like the market place of a town, where people lived and met.

The dormitories are pushed off to the edge, where the town dissolves. The university itself lies on Giesberg hill, inserted between Mainau Island and historic Konstanz (illus. 24).[7] Is the drawn line really a »space axis« of academic life? An axis of five, six kilometres to the old town in one direction, to the Mainau in the other? An axis that shall attract construction activity?

I leave this question open, my judgement would be biased, since I have become immune to any kind of (oder nicht haben nutzen wollen oder können), nämlich das Studieren mit dem Wohnen und Leben *campusartig* zu verbinden gleich dem Marktplatz einer Stadt, der in vormodernen Zeiten das Zentrum des sozialen Austauschs war, an dem man wohnte, sich begegnete.

Die Studentenheime sind an den Rand gedrückt, dorthin, wo die Stadt ausfranst ins Beliebige. Die Universität selbst liegt (gleich einer Krone) auf dem Giesberg-Hügel, eingespannt zwischen der Insel Mainau und der Konstanzer Altstadt, wie es eine Photomontage aus dem Gutachten zur städtebaulichen Eingliederung der Universität Konstanz zeigt (Abb. 24).[7] Die eingezeichnete Linie wirklich eine »räumliche Achse« des akademischen Lebens? Eine Achse über fünf, sechs Kilometer hinweg zur Altstadt in die eine Richtung, zur Insel Mainau in die andere? Natürlich keine gebaute, aber doch eine Achse der Entwicklung, die das Gebaute nach sich zieht?

Ich möchte die Frage offen lassen, weil ich mein eigenes Urteil als Vorurteil wohl kenne, aber nicht ganz davon frei komme, haben mich doch mein Studium wie auch die unzähligen Entwurfskorrekturen während meiner Lehrtätigkeit immun werden lassen gegen jede Art von Beziehungsachsen, deren Bedeutung (wie gesagt: für mich) selten über den Wert der reinen Plangraphik hinaus gegangen ist.

Die räumliche Achse des akademischen Lebens ist es also nicht, und die raffinierte Salonarchitektur, sei es betongestützte Monumentalität, sei es computergestützte Verbogenheit, ist es auch nicht – sie erzeugt nur Theaterdonner, und der verhallt schnell. Es ist, so banal es klingt, es ist allein das alltägliche Leben, das den menschlichen Maßstab ausmacht; das Leben, das städtischer Verödung entgegenwirkt, wenn die Möglichkeit des In-lebendigen-Gebrauch-Nehmens, so Schweizers Ausdruck, gegeben ist, derart, wie das Freiburger Münster die Menschen tagtäglich anzieht und wieder entläßt und auch außerhalb seines eigentlichen Zwecks, dem Gottesdienst, für pulsierendes Leben sorgt, während das Kollegiengebäude (auch eine Art Kathedrale mitten in der Stadt, die eine »Kathedrale der Wissenschaft« sein könnte), inzwischen aber eher den herben Charme einer Abfertigungshalle ausstrahlt, die an ein Verweilenwollen kaum noch denken läßt und nach Toresschluß in eine abweisende Starre verfällt, die auf das umgebende städtische Quartier lähmend einwirkt.

Das Dachterrassencafé wieder öffnen, die Präsenzbücherei, den Lesebereich für die aktuellen Zeitungen und Zeitschriften im Erdgeschoß ebenso, gleichermaßen die Bühnen des Denkens und des Arbeitens auf den Rängen der beiden Hallen im Sinne eines geistigen Rückbaus wieder anziehend gestalten, will sagen: weg von Ikebana-Kleinkultur und Gebrauchsschund ohne erkennbare Ordnung? Sicher, das Praktikable mag dagegenstehen, ebenso der achtlose Umgang mit dem Allgemeingut, sprich: die Verschluderung des Ganzen, die nicht zu übersehen ist (und der kein noch so engagiertes Hausmeister-Team gewachsen sein kann): die Scheiben verkleistert, die Wände vollgeklebt, Kippensumpf, Pappbecher-Ambiente, Mülleimeransammlungen aller Orten, Vitrinenkitsch, jede Ecke vollgestopft mit Universitätsmüll wie Spinde, Ablagen, ausrangierte Möbel – das erbärmliche Bild geistiger, egozentrisch gesteuerter Armseligkeit; das Interesse am Allgemeingut endet an der Peripherie des eigenen Ichs.

Muß das so sein? Es muß nicht so sein, und ein Gang zum Beispiel durch das Kollegiengebäude der nahen Universität Basel zeigt, daß es auch anders geht. Es ist eine Frage des Umgangs mit den allgemeinen (nicht den eigenen) Werten, es ist eine Frage der Erziehung, deren Antworten darauf sich mit den Jahren gewandelt haben; denn seinerzeit, wie gesagt, teilte sich das von Schweizer gewollte innere Wesen des Kollegiengebäudes unmittelbar mit, und der Respekt vor dem Gegebenen mischte sich wie selbstverständlich mit dem Respekt vor sich selbst. Wenn dieser Respekt nicht mehr gegeben, wenn sich die Sensibilität gegenüber dem wirklich Bedeutenden verflüchtigt hat, dann sollte man den Studenten (als den wesentlichsten Nutzern des Hauses) Händels Antwort auf das Lob eines Lords, er habe sich bei seiner Musik sehr amüsiert, zu denken geben: »Zum Teufel! Euer Lordschaft sollen sich nicht amüsieren, Euer Lordschaft sollen sich bessern.«[8]

Wandel erzeugt wiederum Wandel, Wandel für ein gestärktes Bewußtsein alter Werte, die nicht angestaubt sein müssen entsprechend dem Schleuderwort, daß früher alles besser gewesen sei, und um diesen Wandel zu bewirken, kann der Blick auf die Geschichte, auch auf die Baugeschichte, helfen. Die Baugeschichte nicht als eine Formensammlung zum freien Gebrauch, sondern als Anregung für das Neue, für das Gegenwärtige zu nutzen, denn, wie gesagt, »das ausschließliche Gefallen am Neuen bedeutet einen Verfall des kritischen Verstandes«, und darum eben Piranesi, Borromini, Aalto, Mies van der Rohe, Konstanz, van den Broek und Bakema, Eiermann, Schweizer.

Der campusartige Verbund von studentischem Wohnen und Studieren, wie es sich Borromini, Piranesi und auch Mies van der Rohe[9] vorgestellt haben, fehlt hier in Freiburg, natürlich. Denn das Kollegiengebäude steht (als Teil eines Ensembles: Billing, Schweizer, spätere Ergänzungsbauten) für sich, direkt am historischen Stadtkern verankert. Eine umfassende Neuordnung, mithin die Einbindung des studentischen Wohnens im nächsten Umfeld, die eine akademische Einheitlichkeit stärken würde, ist nicht (mehr) gegeben. Oder, bei weit vorausschauender Sicht, vielleicht doch? Immerhin, der Neubau der Bibliothek, ein Klumpen mächtigen Ausmaßes, dem Billing-Bau direkt gegenüber (Abb. 25), war, als das Schweizerische Kollegiengebäude eröffnet wurde, noch nicht einmal begonnen und wenige dreißig Jahre später bereits unbrauchbare Ruine,[10] um nur ein Beispiel für die Schnelligkeit des Wandels in nächster Umgebung des Universitätszentrums zu geben.

Ich maße mir nicht an, aus der Ferne – quasi quattrocentrisch angehaucht – die stadtplanerischen Überlegungen zu Freiburgs Zukunft zu beurteilen und mich damit auf den Pfad wichtigtuerischen Dilettantismus zu begeben, aber dennoch: wäre hier nicht, nicht von heute auf morgen, aber als Vision, als schwärmerisches Bild nicht erst im zerredeten Übermorgen, die Gelegenheit gegeben (und die sollte man sich, durchaus wörtlich zu nehmen, nicht verbauen), über Utopien als dem Vorfeld für neue Entwicklungen nachzusinnen? Die Utopie, die vielleicht gar nicht so sehr weit jenseits aller Realitäten liegt, doch mit der Zeit das studentische Wohnen in die umgebenden Quartiere zu integrieren, an die Kollegiengebäude heranzuziehen, anstatt sie irgendwo in städtische Vorbezirke einzulagern? Die Idee der Universität als ein Ort pulsierenden Lebens mitten in der Stadt, wie sie den Stadtplanern, Architekten, Politikern gleich nach 1945 ja vorschwebte, als sie den – angesichts des Ausmaßes der Zerstörungen verständlichen – Gedanken dann doch verwarfen, die Universität außerhalb der Altstadtgrenzen insgesamt neu zu bauen?[11]

23. Giacomo della Porta und Francesco Borromini, Universität Sapienza, Rom, 1575–1660, Innenhof. (Photo: Pepi Merisio, Bruno Balestrini.)
24. Das Gelände der Universität Konstanz zwischen der Stadt und der Insel Mainau. (Photo: Albrecht Brugger.)
25. Die Kollegiengebäude I und II sowie die Universitätsbibliothek vor dem Umbau, Luftaufnahme von Westen. (Photo: Peter Rokosch.)

23. Giacomo della Porta and Francesco Borromini, Sapienza University, Rome, 1575–1660, inner courtyard. (Photo: Pepi Merisio, Bruno Balestrini.)
24. The Konstanz University grounds between the city and Mainau Island. (Photo: Albrecht Brugger.)
25. The Kollgiengebäude I and II and the university library before its conversion, aerial view from the west. (Photo: Peter Rokosch.)

axial relationship, through the many studio hours with students whose axis were mostly for graphic effect only.

It is not an axial space for academic life, neither is it artful parlour architecture, be it concrete-aided monumentality or computer-aided complexity – they are only theatrics, quickly losing their effect. Simple as it sounds, only daily life generates human scale, life cast against urban desolation, active usefulness, as Schweizer says, like the Freiburg Münster every day attracting people, even apart from its proper use for religious service it is filled with crowds. Similarly, the Kollegiengebäude could be a »cathedral of science« in the middle of town, however today it has the dry charm of a departure hall, killing any thought of tarrying and after hours becoming repelling and torpid, paralysing the adjacent town quarters.

To reopen the roof café, the reading room with current journals and magazines, also turning the galleries of both halls into areas for thinking and working, again attractive in the sense of intellectual restitution, doing away with narrow Ikebana-culture and all that messy trash? Agreed, it won't be practical, careless use of public property and general negligence speak against it (no team of janitors, no matter how dedicated, would be up to the job): gluey panes of glass, walls full of stickers, a bog of cigarette butts, plastic cup ambiance, rubbish bin gatherings, kitsch showcases, crammed lockers and shelves, discarded furniture – the deplorable picture of egocentric mental meagreness, as the concern for common property ends at the periphery of the individual being.

Must it be like this? It need not be like this, as a visit of the college building of nearby Basel University proves. It is a question of dealing with the common good (not your own), a question of upbringing, changing with the years, but at Schweizer's time the inner character of the Kollegiengebäude directly translated into respect for the given and automatically generated respect for oneself. When this respect is lost, sensibility for the important is gone, then the students (as principal users) ought to be told Händel's response to a lord's praise who was highly amused by his music: »By the devil, your lordship should not be amused, your lordship should improve yourself«.[8]

Change generates change, change for more appreciation of old values can be supported by a view to history, also building history, not to be diminished by the slogan that everything was better in the past. Building history, not as a catalogue of forms but as motivation for innovation; as said: »the exclusive delight in novelty destroys a critical mind«. Therefore Piranesi, Borromini, Aalto, Mies van der Rohe, Konstanz, van den Broek and Bakema, Eiermann, Schweizer.

Yes, the campus-like combination of living and studying, as conceived by Borromini, Piranesi and Mies van der Rohe[9] is missing in Freiburg. Because the Kollegiengebäude stands alone, linked to the historic town (in company with Billing, Schweizer and later additions). A comprehensive new order by including dormitories in the vicinity and strengthening academic life is not an option. Or is it? Maybe by taking the longer view? After all, at the time the new library was not even begun, this big chunk of construction, directly opposite Billing's building. And only 30 years later it was a useless ruin;[10] this gives an example of the rate of change around the university.

From a afar – in a way breathed by the Quattrocento I don't presume to judge city planning ideas for Freiburg's future – I would take the path of bumptious dilettantism, yet don't we have the opportunity to speculate about utopia, not for today or tomorrow, but as quixotic vision for after tomorrow? With time to integrate accommodation of students into surrounding quarters, to bring them closer to the Kollegiengebäude instead of scattering them at the fringe of town? Right after 1945, in view of the immense destruction, city planners, architects and politicians had the idea of a university as a place of vibrant life. But it was discarded in favour of building apart from the old town.[11]

Schweizer's concept of free academic life, open, transparent, without pathos, has been realised, although pathetic weight is not foreign to him, the »architectural grand form«, as he calls it,[12] like the massive, serious singleness of his Freiburg building that demands respect and distance. It is the serious singleness of his Freiburg building that demands respect and distance. The concept of openness and transparency was not at all a matter of course in academic life, as it seems today. In 1955, the year of the Kollegiengebäude competition, such an architectural idea was contrary to academic dignity, as witnessed by discussions about Ferdinand Kramer's design of Frankfurt University, also in 1955. In particular, his uncompromising intervention in the Jügel Haus, the main building of a complex from the turn of the century. The main entrance not destroyed, a heavy, sombre gate in neo-Baroque style, adorned with coats of arms and figures, was demolished by Kramer. Instead he inserted into the remaining construction a recessed showcase of cool elegance. In response to five steps leading up to the portal he puts above it a strip of sandstone, carrying in large, clear grotesque-antiqua letters the memorable name »Johann Wolfgang Goethe University« (illus. 26).

A daring deed, Kramer's signal for transparency and openness of a new, democratic university, open to all sectors of the population.[13] Today it would hardly pass the scrutiny of heritage conservation, it was accepted as well as controversial and became widely known by manipulation of the only published photography, taken at a clever angle to make it look more elegant, shown without the five steps and its surroundings: a huge façade 200 m long and 25 m high, in which the new entrance nearly vanishes, too small for expressing the »significance of a new time«.[14]

Also Schweizer sets an example of transparency and openness with his Freiburg Kollegiengebäude, and much earlier, right after the war in the years 1946 to 1952, with his project for the reconstruction of the architecture building at the Technische Hochschule Karlsruhe; a project anticipating Freiburg: spacious, transparent, without pretence or lack of proportion in form and feeling. Alas, it stayed on the drawing board, was not executed. The preserved building parts might have misled Schweizer to some pathos.

The architecture building built by Josef Durm around 1899 in Renaissance fashion, with symmetrical corner pylons and a heavy projecting part in the middle (illus. 27), containing the auditorium on the upper level, an exhibition space at ground level. On the sides, about 30 m away, are the two main entrances; doors rather than portals, small, inconspicuous, nearly poor; openings to be searched for in the affluence of Gründerzeit

Schweizers Konzept, dem akademisch-freien Leben eine offene, durchsichtige, im Inneren von jedem Pathos freie Architektur zuzuordnen, ist aufgegangen, wenn ihm auch pathetische Schwere durchaus nicht fremd war, jene »architektonische Großform«, wie er selbst es nennt,[12] jene blockhaft strenge Eindeutigkeit, die auch sein Freiburger Gebäude auszeichnet und die für notwendigen Respekt und Abstand steht. Das Konzept, mit dem Offenen, dem Durchsichtigen ein neues akademisches Lebensgefühl zu bewirken, war seinerzeit aber durchaus nicht selbstverständlich, wenn es auch heute so scheint. Im Jahr 1955, dem Jahr des Wettbewerbs für das neue Kollegiengebäude, stieß eine solche Architekturauffassung durchaus nicht – als mit akademischer Würde unvereinbar – auf Gegenliebe, wie es, um ein Beispiel zu geben, die Diskussion um die Bauten Ferdinand Kramers für die Universität Frankfurt ab 1952 beweist; insbesondere sein kompromißloser Eingriff in das Hauptgebäude, das Jügel-Haus, ein Komplex aus den Jahren um die Jahrhundertwende. Den Haupteingang, der unzerstört geblieben war, ein wuchtig-düsteres Portal in neobarocken Formen mit Figuren- und Wappenschmuck, das Hauptportal der Universität, läßt Kramer abreißen und baut stattdessen eine lichte kastenartige Nische mit zurückgesetzten Glaswänden und -türen von kühler Eleganz hart und profillos in das Bestehende ein, und darüber legt er als eine Art Antwort auf die fünf Stufen, die zur Portalnische hochführen, einen breiten, supraportartigen Sandsteinstreifen, in den mit großen, klaren Antiqua-Grotesk-Lettern der Name »Johann Wolfgang Goethe Universität« werbewirksam eingemeißelt ist (Abb. 26).

Eine kühne Tat, mit der Kramer »ein Zeichen setzen wollte für Transparenz und Offenheit der neuen demokratischen Universität, geöffnet für alle Schichten der Bevölkerung«,[13] die heute wohl kaum die Hürden denkmalpflegerischer Belange nehmen würde, die ebenso anerkannt wie umstritten war, und die, das sei nicht verschwiegen, wohl auch wegen der fast ausschließlich einzig veröffentlichten Photographie mit ihrem raffiniert gewählten Bildausschnitt so bekannt geworden ist; ein Ausschnitt, der das Elegante noch eleganter scheinen läßt, als es ist, in dem die fünf Stufen, die zur Nische hochführen, weggeschnitten sind sowie das gebaute Umfeld, sprich: die Gesamtfassade ausgeblendet ist – ein Prospekt von geschätzt 200 m Länge und 25 m Höhe, in der der neue Eingang als doch quantitativ relativ kleiner »Bedeutungsträger einer neuen Zeit«[14] nahezu verschwindet.

Auch Schweizer setzt ein derartiges Zeichen für Transparenz und Offenheit – mit seinem Freiburger Kollegiengebäude, wie gesagt, und, weit früher schon, gleich nach dem Krieg in den Jahren 1946 bis 1952 mit seinem Projekt für den Wiederaufbau des Architekturgebäudes der Technischen Hochschule in Karlsruhe; ein Projekt, das wohl ebenso kontrovers diskutiert worden wäre wie Kramers Neuordnung, wäre es über die Planung hinausgediehen und zur Ausführung gekommen, und das eine Art Vorläufer zu Freiburg bildet: weiträumig, durchsichtig, unprätentiös, ohne jede Unproportionalität von Gefühl und Form, zu der die erhalten gebliebenen Gebäudeteile hätten verleiten können, bestenfalls von lichter Schwere.

Das Architekturgebäude in Formen, die der Renaissance entlehnt sind, von Josef Durm in den Jahren um 1899 erbaut, achsensymmetrisch mit Eckpylonen und einem schweren, überhöhten und aus der Bauflucht um rund 10 m herausgreifenden Mittelteil (Abb. 27), der die Aula im Obergeschoß und darunter im Erdgeschoß einen Ausstellungssaal enthielt und seitlich davon, im Abstand von rund 30 m in die Endfelder des Traktes gerückt, die beiden Haupteingänge; eher Türen, die doch wohl Portale sein sollten, aber nicht waren: klein, unscheinbar, fast dürftig; Öffnungen, die man im Formenüberfluß der Gründerzeit-Architektur beinahe suchen mußte und vor der Entscheidung stand: wo genau gehts hinein. Und ebenso beengend war die Disposition der beiden Treppen, über die im Normalfall gleichzeitig beginnender Vorlesungen rund 600 Personen in das Gebäude hineingeschleust werden mußten.

Dieser Mittelteil war im Krieg durch Bombentreffer fast völlig zerstört worden. Mit großer Geste schiebt Schweizer die Durmsche Konzeption zur Seite und gestaltet den Mittelteil, das Zentrum des Hauses, völlig neu. Im Inneren schlägt er anstatt zweier Geschosse mit einzelnen Räumen und innenliegender Erschließungszone, indirekt belichtet und dementsprechend düster, eine große, vom Boden bis zur Decke durchgehend verglaste Halle vor, weiträumig, geradezu bühnenhaft (zumindest in der Zeichnung) mit einer breiten einläufigen, fast Döllgastschen Treppe in einer ersten Fassung, mit zwei symmetrisch aufsteigenden Läufen in der letzten (Abb. 29). Und außerdem plant er, in der ersten Fassung der Durmschen Symmetrie entgegenarbeitend, eine schmucklose Wand mit seitlich gelegenem, durch ein weit ausgreifendes Vordach betonten Haupteingang und als Pendant dazu am anderen Ende des Mittelteils eine raumhohe Glasfläche, hinter der die einläufige Treppe liegt, in der letzten Fassung eine regelmäßige Pfeilerarchitektur mit wiederum raumhohen Glasflächen und dem Haupteingang in der Mitte, dort wo man ihn sucht (Abb. 28) – wie ein Vorgriff auf die Architektur in Freiburg: lichte befreiende Weite im Inneren, blockhafte Strenge im Äußeren. Eine zunächst eher abweisende Architektur, geschlossen, schwer, nicht ohne Erhabenheit, die signalisiert: Hier wird Respekt gefordert. Dann aber, im Kollegiengebäude in Freiburg, fast kontrapunktisch dazu, im Eingangsbereich großflächige Glasscheiben, über zwei Geschosse greifend, sprossenlos, die den ungestörten Blick in die Eingangshalle hinein und durch sie hindurch ins Freie zulassen und damit das Haus einladend machen: hier geht's hinein, hier wohnt ein freier Geist; und mit einer dreiseitig umlaufenden, weit ausladenden Kragplatte über dem Erdgeschoß, die bei Regen oder zu starker Sonneneinstrahlung zum Verweilen einlädt und einem allzu spröden Eindruck des Gesamten entgegenwirkt.

Schweizers Kollegiengebäude ist, so sehe ich es, ein bleibendes Meisterwerk der neueren Architektur, das dem Leben der Universität Freiburg sowie der urbanen Entwicklung des innerstädtischen Quartiers am Übergang von mittelalterlicher Stadt zu ihrer Erweiterung im 19. Jahrhundert neue Qualitäten, dem Hochschulbau überhaupt wesentliche Impulse gegeben hat; oder, doch wohl richtiger gesagt: hätte geben können, wenn man zum einen an den besagten Klumpen der neuen, jetzt ganz neuen Universitätsbibliothek denkt, zum anderen an Bochum oder ähnliche molochartige Ballungen wie in Bielefeld oder Aachen.[15] Von bleibender Bedeutung mit der bemerkenswerten Eigenschaft, daß man dem Bau das Außergewöhnliche nicht gleich ansieht, sondern den zweiten Blick benötigt, um sein eigentliches Wesen zu ermessen. Keine gestalterischen Trompetenfanfaren, keine theoriengesättigte Überfrachtung, die sooft in den

26. Ferdinand Kramer, Umgestaltung des Hauptgebäudes der Johann-Wolfgang-Goethe-Universität, Frankfurt am Main, 1952, Haupteingang. (Photo: Sigrid Neubert.)
27. Josef Durm, Architekturgebäude der Technischen Hochschule Karlsruhe, 1895–98, Grundriß des Erdgeschosses.
28, 29. Otto Ernst Schweizer, Wiederaufbau des Architekturgebäudes der Technischen Hochschule Karlsruhe, 1946–52, Projekt.

26. Ferdinand Kramer, remodelling of the main building of the Johann-Wolfgang-Goethe-Universität, Frankfurt am Main, 1952, main entrance. (Photo: Sigrid Neubert.)
27. Josef Durm, architecture building of Technische Hochschule Karlsruhe, 1895–98, ground-floor plan.
28, 29. Otto Ernst Schweizer, reconstruction of the architecture building of Technische Hochschule Karlsruhe, 1946–52, project.

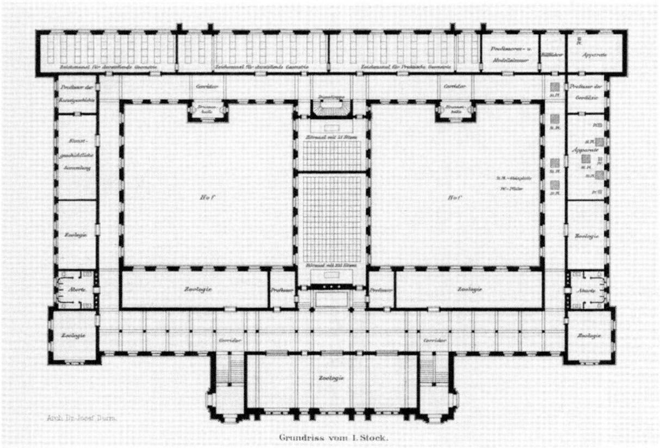

architecture, ending with the question where to enter. Equally tight the two stairs, which had to handle 600 persons at the beginning of lectures.

The middle part was bombed away. With a big gesture Schweizer abandons Durm's concept and designs the centre of the building completely new. Instead of two floors with individual rooms he proposes in a first solution a fully glazed hall from top to bottom, with a broad, straight stairway à la Döllgast, in the final solution he puts a double-run stair (illus. 29). In addition he designs in the first version – against Durm's symmetry – a plain wall with a main entrance on one side, protected by a deep canopy, and as equivalent on the other end a single-run stair behind a glass front. In the last version he plans a regular columnar space, fully glazed, the main entrance in the middle, where it is expected (illus. 28). As later his architecture in Freiburg: inside liberating openness, to the outside massive seriousness. At first a repellent architecture, closed, heavy, not without gravity, signalising: to be respected. But then, as counterpoint the Kollegiengebäude in Freiburg, an entrance with large panes of glass, without divisions through two floors. The undisturbed view into and through the entrance hall, making the building inviting: enter here, meet the free spirit; and a wide, cantilevering slab on three sides over the ground floor persuades to linger, sheltered from rain or too much sun, softening the less appealing impression of the whole.

As I see it, Schweizer's Kollegiengebäude is an enduring masterpiece of new architecture, which gave a new quality to life at Freiburg University and to the development of the inner city with its 19th century enlargement. It gave fundamental impulses to university building, or better, could have given, if one thinks of the new bulk of the library – or Bochum or similar Moloch-type agglomerations in Bielefeld or Aachen.[15] Of lasting significance is its remarkable feature of looking rather common at first sight. It takes a second look to discover its real entity. No trumpeting design, no theory-saturated overloading, which in recent years so often obscured the true purpose of a building. No gimmicks like short lived shooting stars that soon vanish in the sea of insignificance. Instead sober new-age means of design, related to the urban tradition of Freiburg. This way Schweizer succeeded in creating a new type of building, distinguished by its human scale, its refined-simple ground plan and correspondingly its smooth operation.

The plot of ca. 7000 sqm area (and definitely too small for the desired enlargement of the university centre) lies on a prominent spot on the north side of Bertoldstraße (an important shopping street directly related to the city centre around the Münster square), along the rampart-like Rotteckring to the west, bordering the inner city (and merging with Werthmann Platz). On Bertoldstraße, very close, the old university with the former university church (mainly Baroque). The Stadttheater is facing the plot across Rotteckring (a proper, recognisable building); to the right a ten-floor office building from the years around 1955, well designed but nevertheless a high rise (the spire of the Münster only 500 m away); to the left of the theatre the former Rotteck highschool of Wilhelminianstyle school architecture (which later had to cede to the university library's bulk). To the south of the plot the first Kollegiengebäude by Hermann Billing, from years before 1914 (later remodelled and heightened), with facades of locally used sandstone and powerful but noble proportions that dominate the site. To the east the dainty Petershof of the late 16th century (previously the town quarters of St.Peter Monastery) and the small scale, scattered buildings towards the inner city (illus. 3, 4, 16) – a site, as Schweizer writes in his competition report, in which the existing collides sharply with the new, the task being to preserve the valuable legacy of the past, while combining it organically with the new.

The competition for the new Kollegiengebäude by ten architects, among them Otto Ernst Schweizer, Hans Schwippert, Friedrich Wilhelm Kraemer, Alois Giefer & Hermann Mäckler and Egon Eiermann,[16] concluded after the first stage with the weak-minded and hardly comprehensible result. The jury with Otto Bartning (as chairman), Werner Hebebrandt, Horst Linde, Werner Moser plus representatives of the building authority declares that the competition could not arrive at a feasible project because the prescribed building programme was too large to fit the site in acceptable urban form; on the other hand it gives in place of one first prize two equal second prizes[17] to Schweizer and Giefer & Mäckler (illus. 30, 31), even though Schweizer meets all requirements considered important by client and jury, while Giefer & Mäckler arrive at a solution that is unacceptable for the townscape but, on suburban open land, would be of merit due to the good proportions of the principal buildings.

Schweizer summarises his main criteria as »guiding ideas« of his project: urban integration with greatest height restriction, maximal extension of open space, compaction of masses with consideration of natural illumination and quiet working spaces in all parts of the building in spite of traffic noise, spacious interiors and an »elastic structure« that allows change of the internal layout without touching the supporting frame of the building.

Schweizer implemented these ideas without compromise: he reduces the building programme by placing the restaurant in a separate building at the northeastern corner of Bertholdstraße/Rotteckring and recommends the total elimination of a restaurant, not to crowd the space (finally, it was not built). He reduces the height of the building to six storeys (about 21 m) to avoid an uneasy competition with towers and highrises in the vicinity (while Giefer & Mäckler propose a building nearly 60 m tall, throwing Peterhof into its shadow, not to speak of spoiling the cityscape with the Münster's spire), and Schweizer moves his building close to Peterhof, far away from Rotteckring (illus. 30). This way he gains undisturbed open space, giving breathing air in urban constriction, with the possibility of creating together with the open space in front of the theatre a proper square (other than the nondescript street crossings everywhere, which carry fancy names as an alibi). In addition Billing's Kollegiengebäude is not hidden and remains comprehensible, a detail appreciated by the jury as an urban asset, while the other team filled the Rotteckring area (illus. 31–34).

Schweizer creates at the Peterhof a downright introverted ambience, in spite or because of the limited space. It was spontaneously accepted by the students – at least as long as the subtle, murmuring fountain under the plane trees by sculptor Franz Gutmann from Freiburg hadn't dried up and deteriorated into a rubbish dump. The adjacent, today very lively »Platz der letzten Jahren und auch heute noch den eigentlichen Zweck des Gebauten vernebeln, um dann binnen kurzem gleich tagesmondänen Sternschnuppen im Meer des Bedeutungslosen zu verdampfen, sondern neuzeitliche, unaufgeregte Gestaltungsmittel, an der städtischen Tradition Freiburgs orientiert, mit denen Schweizer ein neuer Bautypus gelang, der sich durch seinen menschlichen Maßstab, durch raffiniert-einfache Grundrißordnung und dementsprechend reibungsloses Funktionieren auszeichnet.

Das Grundstück mit rund 7000 qm Fläche (und damit, das sei vorweggenommen, für die geplanten Absichten einer Erweiterung des Universitätszentrums entschieden zu klein) liegt an prominenter Stelle an der Bertoldstraße im Norden (eine der Hauptgeschäftsstraßen, die den direkten Bezug zum Stadtkern rund um den Münsterplatz herstellt), am wallartigen, die Innenstadt begrenzenden Rotteckring im Westen (der hier in den Werthmannplatz übergeht). In nächster Nähe an der Bertoldstraße die Alte Universität mit ehemaliger Universitätskirche (wesentlich aus der Zeit des Barock). Dem Grundstück direkt gegenüber jenseits des Rotteckrings das Stadttheater (ein anständiger, seinen Zweck ausweisender Baukörper), rechts daneben ein zehn Geschosse hohes Verwaltungsgebäude aus den Jahren um 1955, schön in seiner Gestaltung, aber doch ein Hochhaus (der Münsterturm steht etwa 500 m Luftlinie entfernt), und links vom Theater das ehemalige Rotteck-Gymnasium aus den Gründerjahren in einer seinerzeit üblichen Schulhaus-Architektur (das später dem Klumpen der Universitätsbibliothek weichen mußte). Im Süden wird das Grundstück begrenzt durch das erste Kollegiengebäude von Hermann Billing aus den Jahren vor 1914 (danach mehrfach umgebaut und aufgestockt), die Fassaden aus ortsüblichem Sandstein, das mit seinen ebenso mächtigen wie noblen Proportionen direkt auf das Grundstück einwirkt; im Osten durch den zierlichen Peterhof aus dem späten 16. Jahrhundert (der ehemaligen Stadtresidenz des Klosters St. Peter) sowie durch kleinteilige, zerstreute Bebauung der beginnenden Innenstadt (Abb. 3, 4, 16) – ein Grundstück, an dem sich, so schreibt Schweizer zu seinem Wettbewerbsentwurf, das Bestehende hart im Raum mit dem Neuen stoße. Wertvolles Vermächtnis der Vergangenheit, das einem lebendigen Gebrauch diene, zu erhalten und mit dem Neuen organisch zu verbinden, das sei hier die Aufgabe.

Der Wettbewerb für das neue Kollegiengebäude, ausgelobt unter zehn Architekten, darunter Otto Ernst Schweizer, Hans Schwippert, Friedrich Wilhelm Kraemer, Alois Giefer & Hermann Mäckler und Egon Eiermann,[16] endete – nach der ersten Stufe – mit dem unentschlossen wirkenden und schwer verständlichen Ergebnis, daß das Preisgericht mit Otto Bartning (als Vorsitzenden), Werner Hebebrandt, Horst Linde, Werner Moser sowie Vertretern der Bauverwaltung einerseits feststellt, daß der Wettbewerb zu keinem durchführbaren Projekt habe führen können, weil das vom Auslober geforderte Raumprogramm zu groß sei, um auf dem gegebenen Gelände zu einer städtebaulich annehmbaren Form zu gelangen, andererseits statt eines ersten Preises zwei gleichwertige zweite Preise vergibt,[17] an Schweizer und Giefer & Mäckler (Abb. 30, 31), obwohl der eine, Schweizer, eben die Kriterien erfüllt, die Auslober und Preisgericht als wesentlich erkennen, Giefer & Mäckler dagegen zu einer Lösung kommen, die laut Protokoll sich für das Stadtbild als nicht tragbar erweise, in Außenbezirken bei genügend freiem Gelände wegen der glücklichen Proportionen des Hauptbaukörpers wohl bemerkenswert wäre, aber nicht an dieser Stelle.

Die wesentlichen Kriterien faßt Schweizer als »Leitgedanken« seines Entwurfs zusammen: städtebaukünstlerische Einordnung durch äußerste Reduktion der Höhe, größtmögliche Ausdehnung der Freiräume, beste Verdichtung des Gebauten unter Berücksichtigung allseitiger Belichtung, Arbeitsruhe in allen Teilen des Gebäudes gegen den Verkehrslärm, weitläufige Bewegungsräume im Inneren des Gebäudes und eine »elastische Konstruktionsstruktur«, um gegebenenfalls auf notwendige interne Veränderungen reagieren zu können, ohne das tragende Gerüst des Hauses zu berühren.

Diese Leitgedanken setzt Schweizer kompromißlos um: Zunächst reduziert er das Raumprogamm, indem er – unter anderem – die geforderte Gaststätte aus dem eigentlichen Gebäude herausnimmt, zwar als eigenständigen Baukörper an die nordwestliche Ecke Bertoldstraße/Rotteckring plaziert, aber dem Auslober nachdrücklich empfiehlt, auf diese Gaststätte ganz zu verzichten (sie wurde dann auch nicht gebaut), um den freien Raum nicht einzuengen. Er reduziert die Höhe seines Gebäudes auf sechs Geschosse (rund 21 m), um nicht in ungute Konkurrenz zu den umstehenden Türmen und anderer benachbarter Großbauten zu treten (während Giefer & Mäckler ein Hochhaus von fast 60 m Höhe vorschlagen und damit zumindest den Peterhof im Schlagschatten versinken lassen, von einer Beeinträchtigung der Münsterturm-Wirkung und der Stadtsilhouette ganz zu schweigen), und Schweizer rückt seinen Baukörper weitab vom Rotteckring nah an den Peterhof heran (Abb. 30). Er erreicht damit, wie schon angesprochen, einen ungestörten Freiraum, der zum einen Luft zum Durchatmen in städtischer Enge läßt und der die Möglichkeit bietet, den ungefaßten Vorplatz vor dem Theater mit der neugeschaffenen Fläche zu einem wirklichen Platz zusammenzubinden (jenseits konturloser Straßenkreuzungen und Straßenbegleitflächen aller Orten, die nur alibiartig klangvolle Namen tragen), zum anderen, daß das Billingsche Kollegiengebäude nicht verdeckt oder überschnitten wird, sondern räumlich faßbar bleibt, vom Preisgericht gewürdigt als großer städtebaulicher Gewinn, während die anderen Teilnehmer das Vorfeld zum Rotteckring mehr auffüllen als erlebbar machen (Abb. 31–34).

Und am Peterhof erreicht Schweizer trotz oder auch wegen der Enge einen Raum von ausgesprochen introvertierter Stimmung, der auch spontan von den Studenten angenommen wurde – so war es jedenfalls, als der zurückhaltend gestaltete, leise Quell-Brunnen des Freiburger Bildhauers Franz Gutmann unter Platanen noch nicht ausgetrocknet, zu einer Müllmulde verkommen und damit die ursprünglich fast idyllische Situation ihres eigentlichen Wesens beraubt war. Der anschließende, heute sehr belebte »Platz der weißen Rose« an der südlichen Stirnseite des zweiten Kollegiengebäudes war, als das Ensemble des dritten noch nicht stand, weniger Platz als eher eine im Stadtraum zerfließende, unwirtliche Fläche ohne architektonische Qualität.

Und schließlich: beste Verdichtung des Gebauten – sämtliche Räume, Auditorium maximum, die großen Bewegungshallen, kleinere Hörsäle, die Institute sind ausnahmslos in *einem* Baukörper zusammengefaßt, der eine klare Gesamtkonzeption darstelle, die sich bemühe, die geistige Einheit der Aufgabe zum Ausdruck zu bringen, wie es in der Preisgerichtsbeurteilung heißt.

30. Otto Ernst Schweizer, Kollegiengebäude II, Wettbewerbsentwurf, 1955.
31–34. Die Wettbewerbsbeiträge von Alois Giefer & Hermann Mäckler, Hermann Blomeyer, Egon Eiermann und Hans Schwippert.

30. Otto Ernst Schweizer, Kollegiengebäude II, competition entry, 1955.
31–34. The competition entries by Alois Giefer & Hermann Mäckler, Hermann Blomeyer, Egon Eiermann and Hans Schwippert.

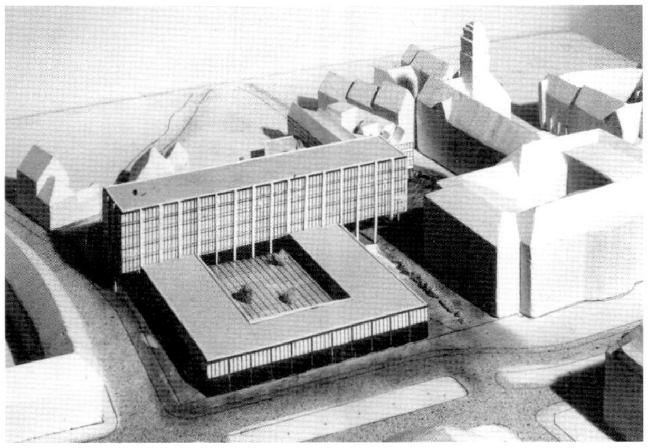

weißen Rose« on the south side of the second Kollegiengebäude was, before the third was added, not a square but a barren area without architectural merit.

And finally: excellent compaction of masses – all spaces, auditorium maximum, the large circulation halls, small lecture rooms and the departments are gathered in *one* block, presenting a clear overall concept with the aim to express the spiritual unity of the project – notes the jury.

Giefer & Mäckler of the two first placed architects in the second stage of the competition, reduced the volume of the high-rise in favour of a lengthened slab, but left the built-up area in front. Schweizer mostly keeps his project (as later built), he opens the tight inner courtyard into a »space-wasting« hall and softens the narrow side along Bertoldstraße with a shopping area on the ground floor – which anyway was a project requirement.

As said, Schweizer achieved with the design of the Kollegiengebäude a building with a neutral message in compact form, having the status of a prototype because of its elastic structural system (Schweizer's expression) and its concise, simple ground plan. Accordingly, it is the only shown example under »University Buildings« in Ernst Neufert's Bauentwurfslehre and after nearly sixty years still figures among other additions in the latest edition of this standard reference for architects. It is therefore a building of universal validity, repeatable, »objective«, as Mies van der Rohe demands from architecture in general, comparable with his Nationalgalerie in Berlin, the Bacardi administration building in Santiago on Cuba and the Schäfer Museum in Schweinfurt. Their overall form is nearly identical – but the satisfaction of different functions was hardly a concern of the architect – which weakens a comparison with Schweizer.

The outer form: a block of 82 x 47 m base area and 23 m height; the first two floors closed, four floors of H configuration above, with objectively neutral elevations, but still related to the tradition of Freiburg. Because the end walls and pillars on the long sides are built of the same red-violet sandstone used for the adjacent Kollegiengebäude by Billing or the Münster. According to Schweizer, the verticality of the pillars matches the verticality of Gothic architecture and local custom. However, Schweizer used the same elevation treatment »objectively« and independent of its location twenty years earlier in his competition entry for the Reichsbank in Berlin (illus. 35). Not a project for teaching and research – inasmuch as the comparison with Mies' temples of culture and commerce is correct. Later it was adapted for a casino in Baden-Baden or for the reconstruction of the architecture building in Karlsruhe, variably located in the centre of Berlin at the Werderschen Markt, in the health resort grounds of Baden-Baden or in Karlsruhe on the campus at the edge of the inner city.

The 23 m high pillars in Freiburg have a cross section of 160 cm deep by 60 cm exterior width and 80 cm on the inner side – heavy, massive stone constructions (not stone-faced concrete, which Schweizer would have discarded as masquerade). Their mass and close repetition produces strong shadows and plasticity, of plastic »architectural virtue«, corresponding better with the nearby Münster and the town's character than a shadow-less surface. The 14 bays on either side of the building have a clear width of about 5 m and produce their own rhythm through four vertical aluminium lamellas for sun protection. In between are mullion-less windows with horizontally striated concrete parapets. The pillars are abruptly cut at the upper end, without any transitional moulding, as the pillars also rise directly from the ground. Optically the harshness is reduced by a 3.6 m cantilever slab on three sides above the ground floor. Its shadow enlivens the composition (as does the addition of strongly projecting corbel stones on top of the four end walls, looking like a descended cornice – pure decoration, as if Schweizer had lost the courage for his own boldness in front of the huge bare wall).

The pillars and the end walls determine the exterior appearance: natural stone. However, it is a steel structure with reinforced concrete bracing, invisible on the outside (maybe a little bit of masquerade?), but it is definitely clear on the inside: slender steel columns in the two storey high entrance hall support a strongly shaped reinforced concrete slab, the sleek ceiling structure of the auditorium maximum also shows it. A construction supported on slide bearings in cavities of the pillars (illus. 36, 37), pillars of sand stone with minimal dimensions, as Schweizer stresses, »reaching the limit of permissible loading of principal members«.[18]

With this principle of construction Schweizer fulfilled his ideal of true-to-life construction, which he had pursued in all of his projects, from habitation to sports facilities and industrial buildings, to allow the largest possible liberty of partitioning, that rooms could be altered at any time to serve new requirements (in Freiburg the departmental areas), without touching the bearing system, »the elastic structural design corresponds with a plan for variable spaces«.

The order of the floor plans: the architectural handling of a large and differentiated space programme is convincingly accomplished by their unexcited simplicity and logic. The entrance hall, about 29 x 44 m large and 7.5 m high, is a necessary circulation area, but essentially a foyer, an ambulatory where the students gather for common events without disturbing the quiet in the upper floors. This hall is the core of the whole organism, connecting areas with the heaviest public traffic: on the ground floor the auditorium maximum with two side entrances, designed for 1000 persons and divided into two compartments, a debating circle and rising tiers of seats (underneath a delivery zone on Bertholdstreet); guarded coatrooms for the whole building and sanitary facilities directly related to the auditorium maximum; two smaller lecture rooms for 450 persons each; the main staircase and elevators to the upper floors; the reading room. On the gallery level two rear entrances to the auditorium maximum, rooms for visiting professors and faculty business plus two divisible seminary- and examination rooms.

The upper four storeys planned for 2525 work stations, belong to the departments; arranged in H-shaped plan with the central hall through five storeys, the working lobby with generous galleries accessing the departments, also being study areas for the students. All rooms have ideal illumination and – important in the warm climate of Freiburg – cross-ventilation through the outer long sides of the building and through the end walls to the open courts, free spaces with clear width of about 17.50 m on the deep side and 15 m on the other. And finally on top the roof the café.

In einer zweiten Wettbewerbsstufe, zu der die Architekten der beiden erstplazierten Arbeiten geladen wurden, reduzierten Giefer & Mäckler die Kubatur des Hochhauses zugunsten einer mehr gestreckten Scheibe, bleiben aber bei der Verbauung des Vorplatzes, während Schweizer sein Projekt im wesentlichen beibehält (und auch später so baut), den als zu eng kritisierten Innenhof zu der großen »raumverschwenderischen« Halle weitet und die als zu hart empfundene Schmalseite an der Bertoldstraße durch eine – vom Auslober ohnehin geforderte – Geschäftszone im Erdgeschoß lichtet.

Mit dem Entwurf des Kollegiengebäudes ist Schweizer, wie gesagt, ein Bau gelungen, der seiner neutralen Aussage wegen, kompakt in seiner großen Form, wegen seiner »elastischen Konstruktionsstruktur« (Schweizers Ausdruck) und wegen seiner lakonisch einfachen Grundrißordnung den Wert eines Prototyps hat, und folgerichtig ist er unter der Rubrik »Hochschulbau« in Ernst Neuferts *Bauentwurfslehre* als einziges Beispiel aufgenommen worden (und wird in den neuesten Ausgaben dieses Standard-Nachschlagewerks für Architekten – ergänzt um weitere Beispiele – immer noch geführt, obwohl inzwischen fast sechzig Jahre vergangen sind). Mithin ein Bau von allgemeiner Gültigkeit, der wiederholbar wäre; »objektiv« ist, wie Mies van der Rohe es von Architektur generell gefordert hat, vergleichbar seiner Berliner Nationalgalerie, dem Bacardi-Verwaltungsgebäude in Santiago auf Kuba und dem Schäfer-Museum in Schweinfurt, die in ihrer großen Form fast deckungsgleich sind, wobei die Erfüllung der unterschiedlichen Funktionen wohl kaum das eigentliche Anliegen des Architekten war, und insofern mag der Vergleich mit Schweizer nur bedingt tauglich sein.

Die äußere Form: ein Quader von 82 x 47 m Grundfläche und 23 m Höhe; in den ersten beiden Geschossen geschlossen, in den darüberliegenden vier gleich einem liegenden H gebildet; mit einer Fassadengestaltung, die ebenfalls objektiv, neutral ist einerseits, andererseits bezogen auf den bestimmten Ort, auf die Tradition von Freiburg. Denn die Stirnwände und die Pfeiler der Längsseiten sind gemauert aus dem gleichen rot-violetten Sandstein, der für das benachbarte Billingsche Kollegiengebäude verwendet wurde wie auch für das Münster; das Vertikale der gereihten Pfeiler sei, so Schweizer, am Vertikalen der gotischen Architektur orientiert, also ortsüblich. Auch aber »objektiv«, ortsunabhängig, denn eine solche Fassadengestaltung plante Schweizer bereits zwanzig Jahre zuvor für seinen Wettbewerbsentwurf des Hauptgebäudes der Reichsbank in Berlin (Abb. 35) – kein Bau für Lehre und Forschung, und insofern trifft der Vergleich mit Mies' Tempeln der Kultur und des Kommerzes wohl doch, später – modifiziert – für ein Spielbankgebäude in Baden-Baden und für den Wiederaufbau des Architekturgebäudes in Karlsruhe; in Berlin mitten im Zentrum am Werderschen Markt gelegen, in Baden-Baden im Kurgarten, in Karlsruhe im Hochschulgelände am Rande der Innenstadt.

Schwere massive Wände und Pfeiler (keine natursteinverblendete Betonkonstruktion, die Schweizer als Maskerade strikt abgelehnt hätte): die Pfeiler in Freiburg im Querschnitt 160 cm lang, 60 cm breit an der Außen-, 80 cm an der Innenseite – Dimensionen, die bei 23 m Höhe und bei der engen Reihung kräftige Plastizität durch Masse und Schattenwurf erzeugen, »architektonisch-plastische Werte«, so Schweizer, die mit den Formen des nahen Münsters korrespondieren und dem Duktus des Stadtbilds mehr entsprechen als eine schattenlose Fläche. Die an beiden Längsseiten des Gebäudes je 14 Felder zwischen den Pfeilern (lichte Weite rund 5 m) sind mit einer Art Binnenrhythmus versehen durch je vier senkrecht verlaufende Leichtmetall-Lamellen, die dem Sonnenschutz dienen; dazwischen sprossenlose Fenster mit Brüstungen aus Beton, horizontal gestreift. An ihrem oberen Ende sind die Pfeiler, ist der ganze Block hart abgeschnitten ohne irgendeinen vermittelnden »Übergang«, wie auch die Pfeiler vom Boden aus sockellos aufsteigen; die Härte optisch abgemildert durch die dreiseitig umlaufende, 3,60 m auskragende Platte über dem Erdgeschoß, die wiederum belebenden Schatten wirft (*und* durch Reihungen von kräftig vortretenden Konsolsteinen, mit denen die vier Stirnwände gleich einem heruntergerutschten Kranzgesims enden – rein dekorativ, als hätte Schweizer hier der Mut vor der eigenen Courage, vor der mächtigen schmucklos-kargen Wandfläche verlassen).

Die Pfeiler und die Stirnwände bestimmen das äußere Bild: Naturstein. Der Bau selbst aber ist eine Stahlkonstruktion mit Stahlbeton-Ausfachung, die man außen allerdings nicht wahrnehmen kann (vielleicht doch ein bißchen Maskerade?), im Inneren aber durchaus: die schlanken Stahlstützen in der zwei Geschosse hohen Eingangshalle zum Beispiel, die eine stark profilierte Stahlbetondecke tragen, oder das schnittige Tragwerk der Decke im Auditorium maximum. Eine Konstruktion insgesamt, die in ausgesparten Kammern der Pfeiler beweglich gelagert ist (Abb. 36, 37), Sandsteinpfeiler, deren »minimalsten Abmessungen« Schweizer ausdrücklich hervorhebt, ihre »bis an die Grenzen ihrer Tragfähigkeit gehende Aufgabe als volltragende Glieder«.[18]

Mit diesem Konstruktionsprinzip erreichte Schweizer eines seiner Ziele, die er bei allen seiner Projekte, vom Wohnhaus über die Sportbauten bis hin zum Industriebau, als ein Ideal lebensnahen Bauens verfolgt hat, nämlich so zu planen, daß weitestgehende Freiheit in der Raumaufteilung ermöglicht wird, daß die Räume (hier in Freiburg insbesondere die Institutsräume) jederzeit verändert und neuen Anforderungen angepaßt werden können, ohne das tragende System zu berühren – »die elastische Konstruktionsstruktur entspricht«, so Schweizer, »im Grundriß diesen variablen Raumvorstellungen«.

Die Ordnung der Grundrisse: für die architektonische Bewältigung des umfangreichen und differenzierten Raumprogramms überzeugen sie in ihrer unaufgeregten Einfachheit, in ihrer Logik. Die Eingangshalle, rund 29 x 44 m groß, 7,50 m hoch, ist notwendige Verkehrsfläche, natürlich, im wesentlichen aber Wandelhalle und Bewegungsraum, um die Studentenschaft bei gemeinsamen Veranstaltungen dort versammeln zu können, ohne die Ruhe in den oberen Geschossen zu stören. Diese Halle bildet den Kernpunkt des gesamten Organismus, der die Flächen mit dem stärksten Publikumsverkehr zusammenbindet: im Erdgeschoß das Auditorium maximum mit den beiden Hauptzugängen seitlich, ausgewiesen für 1000 Personen, geteilt in zwei Raumkompartimente, einem Diskussionsrund sowie ansteigende Sitzreihen (darunter an der Bertoldstraße die Ladenzone); bewachte Garderoben für das ganze Haus sowie Sanitärräume, die den Hauptzugängen des Auditorium maximum unmittelbar zugeordnet sind; zwei kleinere Hörsäle für je 450 Personen; die Haupttreppe und die Aufzüge in die oberen Geschosse; die Präsenzbücherei. Im Emporengeschoß zwei weitere rückwärtige Zugänge in das Audi-

35. Otto Ernst Schweizer, Reichshauptbankgebäude, Berlin, 1933, Projekt.
36, 37. Das Kollegiengebäude II im Bau. (Photos: Karl Oberle.)

35. Otto Ernst Schweizer, Reichshauptbank building, Berlin, 1933, project.
36, 37. The Kollegiengebäude II under construction. (Photo: Karl Oberle.)

In two subfloors was parking space for 78 cars and bicycles, the mechanical rooms, the archive, showers for the student union (at that time showers were rare in student quarters), as well as two air raid shelters. Altogether an arrangement that allowed a great consolidation and limited height of the building mass – so the architect.

Otto Ernst Schweizer, architect, philosopher and teacher, born in 1890 and of the same generation as Le Corbusier, Hans Scharoun, Erich Mendelsohn or Ludwig Mies van der Rohe. Educated in Theodor Fischer's school, he already made a name for himself with his first works and competition entries from expressionist time, such as the high-rise building at Friedrichstraße in Berlin, or the remodelling of the Münsterplatz in Ulm (illus. 38, 39). He gained international reputation with his buildings in Nuremburg in the late 1920s: the employment office, the planetarium, the Johannisheim sanatorium, sport facilities and the Milchhof, his stadium in Vienna (illus. 40–44), and the design of an ideal metropolis as reaction to Le Corbusier's 1922 plan of a city for 3 million inhabitants.

During national socialist time, when he was not allowed to build, Schweizer engaged as teacher at Karsruhe University in the study of basic questions of building and urbanism, a philosophy of architecture. After World War II he referred to these studies for the reconstruction of destroyed cities like Karlsruhe, Pforzheim, Mannheim, Gießen and Stuttgart. As his last work he built the Kollegiengebäude, an »architectural magnum opus«, the quintessence of a rich creative life, expressing his pretensions to form and function, his credo in the value of austere details but maximum freedom of the whole; a course unaffected by fluctuations over time, beginning in mature form with the Nuremberg buildings and the stadium in Vienna.

As teacher he deeply formed a whole generation of architects and city planners and – significantly with his later colleague Egon Eiermann[19] – developed a faculty that at the time was one of the most prestigious and sought-after schools in Germany. Karlsruhe radiated.[20] At the beginning of my studies I still experienced Schweizer (he retired in 1960 and died in 1965); I was told to go to his lecture, it intellectually overtaxed a young student but left the impression of a personality with exceptional charisma, created like a matter-of-course by his mighty physique, his dignified black clothing (at that time not yet the trademark of architects), and the use of his native Black Forest dialect. I was impressed that in spite of his public reputation this famous man would not disavow his humble origin.

Schweizer entered like a happening, exuding deep respect in a natural way. In the auditorium attentive silence, being late was out of question. If I follow my notes, he considered building history as a foundation pillar of all architectural work. This was for me most unusual, since so far, I looked at the history of art and architecture as enjoyable subjects, but actually outside the scope of architecture as I saw it; I was not alone with this notion – possibly under the dominating influence of Eiermann who was alluringly gifted in lecturing unformed students[21] – it was the general perception by students.

The topic was contemporary building and Schweizer talked about Greek temples, their over-all form and their plasticity, their relationship to the surrounding landscape, the architectural value of the distant view showing an organic unity with nature, as well as the refinements seen at close range. He talked of constructiveness, irrational impressions on the eye, connected it with Gothic architecture, new city planning and urban open space in the centres. The value of feelings being lost by metropolitan man, who is left alone emotionally, and with it he analysed the city schemes of Miletus and Priene, in comparison with contemporary urban concepts. He supported his thinking with clear and convincing sketches on the chalkboard.

torium maximum, Räume für Gastprofessoren und Fakultätsbelange sowie zwei teilbare Seminar- und Prüfungsräume.

Die oberen vier Geschosse, ausgewiesen für 2525 Arbeitsplätze, sind den Instituten vorbehalten; geordnet, wie gesagt, in einem H-förmigen Grundriß mit der zentralen, über fünf Geschosse greifenden Halle, der Denk- und Arbeitslobby mit großzügig bemessenen Umgängen, die sowohl der Erschließung der Institute dienen als auch Raum für die Studenten zum Arbeiten bieten. Alle Räume ideal belichtet und – im warmen Klima Freiburgs nicht unerheblich – querzulüften über die äußeren Längsseiten des Gebäudes sowie über die zu den Stirnseiten hin offenen Höfe, die eher gefaßte Freiräume sind mit lichten Weiten von rund 17,50 m an der einen, tieferen Seite und rund 15 m an der anderen. Auf dem Dach dann das Café.

In zwei Untergeschossen befanden sich Abstellflächen für Fahrräder und 78 Autos, Räume für die technischen Einrichtungen, das Archiv, Badeanlagen des Studentenwerks (seinerzeit gehörten Studentenzimmer mit Dusche durchaus noch nicht zum allgemeinen Standard) sowie zwei Luftschutzbunker – insgesamt eine Anordnung, die es erlaubt habe, eine große Verdichtung der Baumassen bei gleichzeitiger Beschränkung der Höhenentwicklung des gesamten Bauwerks zu ermöglichen – so der Architekt.

Otto Ernst Schweizer also. Architekt, Philosoph und Lehrer, Jahrgang 1890 und damit derselben Generation angehörend wie Le Corbusier, Hans Scharoun, Erich Mendelsohn oder Ludwig Mies van der Rohe. Ausgebildet in der Schule Theodor Fischers, machte er sich bereits durch seine ersten Arbeiten sowie durch seine Wettbewerbsbeiträge aus der Zeit des Expressionismus, etwa zum Hochhaus an der Friedrichstraße in Berlin oder zur Neugestaltung des Ulmer Münsterplatzes, einen Namen (Abb. 38, 39) und gewann internationale Anerkennung mit seinen Nürnberger Bauten Ende der 1920er Jahre: dem Arbeitsamt, dem Planetarium, der Heilstätte Johannisheim, den Sportanlagen und dem Milchhof dort, mit seinem Stadion für die Stadt Wien (Abb. 40–44) sowie mit seinem Idealentwurf einer Großstadt, den er als Reaktion auf Le Corbusiers Plan einer Stadt für 3 Millionen Einwohner von 1922 entwickelte.

In nationalsozialistischer Zeit, in der es ihm verwehrt war zu bauen, befaßte sich Schweizer im Zusammenhang mit seiner Lehre an der Technischen Hochschule in Karlsruhe mit einer Philosophie der Architektur, mit grundlegenden Fragen zum Bauen und zur urbanen Stadtgestaltung, auf die er nach dem Zweiten Weltkrieg zur Neuordnung zerstörter Städte (Karlsruhe, Pforzheim, Mannheim, Gießen, Stuttgart) zurückgreifen konnte. Als letztes Werk baute er dann das Kollegiengebäude, seine »architektonische Großform«, an der sich noch einmal, quasi als Quintessenz eines reichen schöpferischen Lebens, sein Anspruch an Form und Funktion, seine Überzeugung vom Wert äußerster Knappheit im Detail verbunden mit größter Freiheit im Ganzen konzentrierte; eine durchgehende, von den Schwankungen der Zeiten unbeeinflußte Linie, die mit den Bauten in Nürnberg und seinem Wiener Stadion ihren bereits ausgereiften Anfang nimmt.

Als Lehrer hat er eine ganze Generation von Architekten und Stadtplanern tief geprägt und – wesentlich mit seinem späteren Kollegen Egon Eiermann[19] – eine Fakultät wachsen lassen, die seinerzeit zu den angesehendsten und gefragtesten in Deutschland gehörte. Karlsruhe leuchtete.[20] Zu Beginn meines Studiums habe ich Schweizer (er wurde im Jahr 1960 emeritiert und starb 1965) noch erlebt, als er in einer Vorlesung, in die ich eher von Haus aus geschickt als aus freien Stücken hineingegangen war, den jungen Studenten zwar geistig weit überfordert, wohl aber den Eindruck einer Persönlichkeit von außerordentlicher Ausstrahlung hinterlassen hatte, die mir so völlig selbstverständlich schien, verstärkt sicher auch durch seine mächtige Figur, seine würdevolle schwarze Kleidung (die seinerzeit noch nicht zum allgegenwärtigen Erkennungsmal eines Menschen aus der Architektenszene gehörte) und durch den Gebrauch seines Schwarzwälder Heimatdialekts, was ich bei der Bedeutung dieses Mannes außerordentlich fand – daß einer trotz allen äußeren Ruhms seine kleinstädtische Herkunft nicht verleugnet.

Schweizer trat ein wie ein Ereignis, begabt mit einem tiefen Respekt, der ihm natürlich war. Im Hörsaal konzentrierte Stille, ein Zuspätkommen undenkbar. Er hatte, wenn ich meiner Mitschrift von damals folge, die Baugeschichte als einen der Grundpfeiler allen architektonischen Wirkens in seine Überlegungen einbezogen. Das war für mich ganz ungewöhnlich, hatte ich doch bisher Bau- und Kunstgeschichte schon als Fächer angesehen, die anregend waren und an denen ich Freude hatte, die für mich aber doch eigentlich außerhalb dessen standen, was ich mit Architektur verband; und mit dieser Auffassung stand ich – wohl unter dem dominierenden Einfluß des für junge, noch unfertige Menschen rhetorisch geradezu verführerisch begabten Eiermann [21] – nicht allein, sie entsprach eher dem allgemeinen studentischen Denken.

Es ging um das Bauen von heute, und Schweizer sprach von den Tempelanlagen der Griechen, ihrer Form im Ganzen und ihrer Plastizität, ihrer Beziehung zu einer landschaftlichen Umgebung, ihrer architektonischen Werte sowohl aus der Fernsicht zusammen mit dem natürlich Gewachsenen wie auch in der Verfeinerung aus der Nähe. Er sprach von der Konstruktivität, von irrationalen Eindrücken für das Auge, und er verband dies mit der Baukunst der Gotik, sprach von neuem Städtebau, von notwendigen Freiräumen in ihren Zentren und, in diesem Zusammenhang, von den Werten des Gemüts, die dem Großstadtmenschen verlorengegangen seien, von seiner seelischen Verlassenheit, analysierte dazu die Stadtanlagen von Milet und Priene im Vergleich zu gegenwärtigen Stadtplanungskonzepten und untermauerte seine Gedankengänge mit ebenso einprägsamen wie überzeugenden Skizzen an der Wandtafel.

Werte des Gemüts? Seelische Verlassenheit? Neuer Städtebau und griechische Tempel? Konstruktivität und Gotik? Und das alles in einer Vorlesung zur modernen Architektur? Mein Kopf war voll von anderen Gedanken, von hochfliegenden Vorstellungen, die mit dem Althergebrachten ziemlich rigide aufräumen wollten, und ich werde den Hörsaal wohl einigermaßen verwirrt verlassen haben. Wie gesagt, verstanden hatte ich wenig, aber nachdenklich war ich doch geworden, und unbemerkt hatten Schweizers Worte weit tiefer auf mich eingewirkt, als es mir seinerzeit bewußt geworden war.

Bald danach schrieb ich mich dann ja als Gasthörer an der Universität Freiburg ein, sah dort, erlebte geradezu das neue Kollegiengebäude; und ohne vom Werk des Architekten Näheres zu kennen, ohne von seiner Philosophie etwas zu wissen, hatte der Bau, seine noble Einfachheit der architektonischen Formensprache wie auch das Monumenthafte, einen tiefen Eindruck auf mich ge-

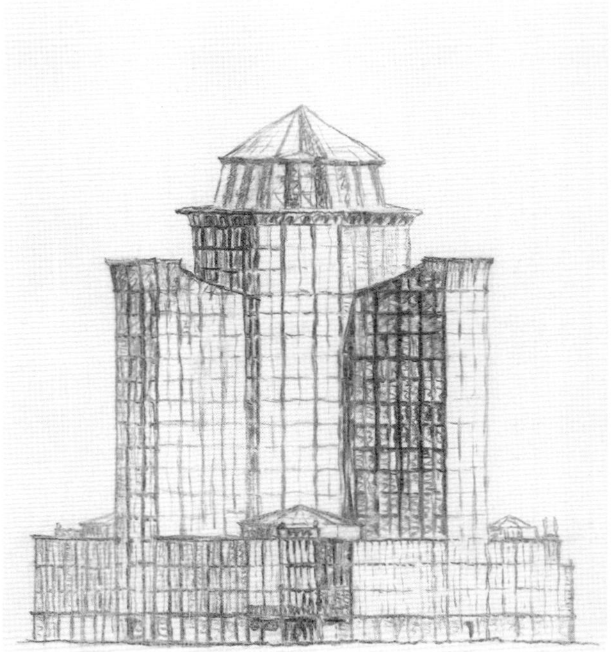

38. Otto Ernst Schweizer, Hochhaus am Bahnhof Friedrichstraße, Berlin, 1921/22, Projekt.
39. Otto Ernst Schweizer, Umgestaltung des Münsterplatzes, Ulm, 1924, Projekt.

38. Otto Ernst Schweizer, high-rise building at Friedrichstraße Station, Berlin, 1921/22, project.
39. Otto Ernst Schweizer, redesign of the Münsterplatz, Ulm, 1924, project.

Values of feeling? Emotional desertion? New urbanism and Greek temples? Constructivity and Gothic? And all this in a lecture on modern architecture? My head was full of different thoughts, with highflying ideas to do away with tradition, I must have left the auditorium rather confused. As I said, I understood little, but I became pensive and without knowing, Schweizer's words affected me more than I realised then.

Soon after I registered as guest student at Freiburg University, saw and experienced the new Kollegiengebäude and without knowing any details about the architect's work, without comprehending his philosophy, the noble simplicity of forms and the monumentality made a deep impression on me. The grandiose sequence of spaces in the superposed halls, the auditorium maximum, they demonstrated plainness and grandeur as a forum for academic discourse, the perfect interplay of function and form (as I realised later on). But also the design of the exterior, the heaviness of the stone pillars – initially incomprehensible, because not at all compatible with the accepted dogma of Egon Eiermann's demand of lightness and architectural elimination. Only later I appreciated their reason. My impressions withstood the passing times, became more intense with the years – the proof for real architecture, the art of building, enduring and not based upon cheap effects.

In any case, since my first semester I remember Schweizer's name, although among us architecture students and throughout my studies he hardly played a role – I recall his non-alcoholic tavern at the Nuremburg stadium, shown by Eiermann as an example of excellent architecture; also his ideal city and ideal fora, observed by us students without understanding.

But I did not forget his name and with time his work increased in importance, as did his projects and theoretical speculations that intertwine and cannot be separated to be understood in their full depth. The work of an architect whom I consider one of the Great ones, for the promoter of a new architecture, whose thoughts gained in actuality, with the rising critical awareness of our time of the value of lost urbanity in our towns, the value of vanished undisturbed landscape, called for by Schweizer in his early years and later demanded with ever more lucidity.

[1] The floor plan of which no further drawings have been passed on, and the perspective of the interior, although not directly related, have been published together in 1750 during Piranesi's lifetime in the *Opere Varie di Architettura*. See: Ulyma Vogt-Gökmil, *Giovanni Battista Piranesi. »Carceri«*, Zurich, 1958; Konrad Rückbrod, *Universität und Kollegium. Baugeschichte und Bautyp*, Darmstadt, 1977; Luigi Ficacci, *Giovanni Battista Piranesi. Gesamtkatalog der Kupferstiche*, Cologne, 2000.
[2] After Rückbrod, ibid., description to illus. 32, p. 143.
[3] Eberhard Schulz, »Der gebaute Numerus clausus«, *Frankfurter Allgemeine Zeitung*, 19 April 1975; »Der Irrationalismus mit dem ›Rationalismus‹ in Bochum. Uni Bochum Pro und Contra«, *Bauwelt*, vol. 58, 1967, no. 19 and no. 23; *Die Bauverwaltung*, vol. 12, 1963, no. 6; vol. 14, 1965, no. 7; vol. 15, 1966, no. 6.
[4] Planning report for Konstanz University, *Konstanzer Blätter für Hochschulfragen*, vol. 8, 1970, no. 4.

macht: die großartige Raumfolge der beiden übereinanderliegenden Hallen, das Auditorium maximum, das, ebenso wie die Hallen, Einfachheit und Größe und als Forum für akademische Vorlesungen das Zusammenspiel von Form und Funktion vollendet zeigte (was mir aber erst später bewußt wurde). Auch aber die Gestaltung des Äußeren, die Schwere der Werksteinpfeiler, die mir zunächst unverständlich waren, die so gar nicht zur Lehre Egon Eiermanns, die ich als das für mich quasi ausschließlich Gültige aufnahm, passen wollte, seiner Forderung nach Leichtigkeit, nach Wegnehmbarkeit von Architektur entsprechend, und deren Sinn ich erst später einsah. Meine Eindrücke hielten der Zeit stand, verdichteten sich mit den Jahren – für mich ein Beweis, daß hier wirklich Architektur entstanden war, Baukunst eben, die nicht auf billigem Effekt basiert und Bestand hat.

Schweizers Namen jedenfalls habe ich seit meinen ersten Semestern nicht vergessen, obwohl er in der Lehre meines Studiums kaum, unter uns Architekturstudenten zunächst gar keine Rolle spielte – einzig an seine Alkoholfreie Gaststätte am Nürnberger Stadion kann ich mich erinnern, die Eiermann in einer Vorlesung als ein Beispiel bester Architektur zeigte, sowie an seine Idealstadt und die Idealforen, die wir Studenten abgebildet fanden und die an uns unverstanden vorübergingen.

Ich habe den Namen also nicht vergessen, und mit der Zeit ist mir sein Werk immer wichtiger geworden: seine Bauten, seine Projekte und seine theoretischen Überlegungen, die ineinandergreifen und nicht voneinander getrennt gesehen werden dürfen, um in ihrer ganzen Tiefe richtig verstanden zu werden. Das Werk eines Architekten, den ich für einen der Großen halte, für einen Beweger der neueren Architektur, dessen Gedanken zunehmend wieder an Aktualität gewinnen, wenn man allein an das steigend kritische Bewußtsein unserer Zeit um den Wert verlorengegangener Urbanität in unseren Städten, um den Wert verlorengegangener ungestörter Landschaft denkt, den Schweizer schon in seinen frühen Jahren und später umso mehr weitsichtig eingefordert hat.

[1] Der Grundriß, zu dem keine weiteren Zeichnungen überliefert sind, und die Innenraumperspektive gehören zwar nicht direkt zusammen, sind aber gemeinsam zu Lebzeiten Piranesis 1750 in den *Opere Varie di Architettura …* veröffentlicht worden. Siehe: Ulyma Vogt-Gökmil, *Giovanni Battista Piranesi. »Carceri«*, Zürich 1958; Konrad Rückbrod, *Universität und Kollegium. Baugeschichte und Bautyp*, Darmstadt 1977; Luigi Ficacci, *Giovanni Battista Piranesi. Gesamtkatalog der Kupferstiche*, Köln 2000.

[2] Nach Rückbrod, ebd., Legende zu Abb. 32, S. 143.

[3] Eberhard Schulz, »Der gebaute Numerus clausus«, *Frankfurter Allgemeine Zeitung*, 19. April 1975; »Der Irrationalismus mit dem ›Rationalismus‹ in Bochum. Uni Bochum Pro und Contra«, *Bauwelt*, 58. Jg., 1967, Heft 19 und Heft 23; *Die Bauverwaltung*, 12. Jg., 1963, Heft 6; 14. Jg., 1965, Heft 7; 15.Jg., 1966, Heft 6.

[4] Bericht über die Bauplanung der Universität Konstanz, *Konstanzer Blätter für Hochschulfragen*, 8. Jg., 1970, Heft 4.

[5] Zu Schweizers Werk siehe: Immo Boyken, *Otto Ernst Schweizer. 1890–1965. Bauten und Projekte*, Stuttgart 1996.

[6] Eberhard Schulz, »In diesen heiligen Hallen. Bauten der Universität Freiburg und anderswo«, *Frankfurter Allgemeine Zeitung*, 9. Februar 1960.

[7] Zwei Gutachten von Rudolf Hillebrecht und Walter Rossow zur städtebaulichen Eingliederung der Universität Konstanz, *Konstanzer Blätter für Hochschulfragen*, 5. Jg., 1967, Heft 14.

[8] Aus einem Text von Gerhard Marcks, *Bauwelt*, 51. Jg., 1960, Heft 29.

[9] Apartmenthäuser für Studenten befinden sich im östlichen Teil der Gesamtanlage und auf diesem nördlich der Studentenkapelle. Dieser östliche Teil wird in der gängigen Literatur selten gezeigt, statt dessen nur Mies van der Rohes Projekt für den westlichen Teil. Der Gesamtplan ist abgebildet in: Werner Blaser, *Mies van der Rohe*, Basel/Boston/Berlin 1997; dazu eine Perspektive mit der Kapelle und den Apartmenthäusern.

[10] Die Bibliothek ist – unter Einbeziehung der tauglichen Reste – in vergleichbarer Mächtigkeit wiedererstanden und steht, versehen mit einem neuen Fassaden-Überzug, kurz vor der Fertigstellung.

[11] Hans Detlef Rösiger, *Die Albert-Ludwigs-Universität von 1457 bis 1957. Die Wiederaufbauzeit 1945*, Freiburg im Breisgau 1957.

[12] Otto Ernst Schweizer, *Die architektonische Großform. Gebautes und Gedachtes*, Karlsruhe 1957.

[13] Lore Kramer, *Zu Ferdinand Kramers Arbeiten – Intentionen und Realität*, hrsg. v. Ingeborg Flagge und Wolfgang Jean Stock, Stuttgart 1992.

[14] *Ferdinand Kramer. Der Charme des Systematischen*, hrsg. v. Claude Lichtenstein, Gießen 1991; darin: Astrid Hansen, »Bauten für die Wissenschaft«.

[15] Reformuniversität Bielefeld, 1969–76; Universitätsklinikum der RTWH Aachen, 1971–85.

[16] Teilnehmer, Beurteilung der erstprämierten Arbeiten, allgemeine Angaben zur Wettbewerbsauslobung siehe: *Die Bauzeitung*, 60. Jg., 1955, Heft 11; *Architektur und Wohnform*, 64. Jg., 1955, Heft 1.

[17] Außer den beiden zweiten Preisen wurden zwei gleichrangige vierte Preise vergeben an die Architekten Hermann Blomeier und Ernst Petersen & Walter Köngeter.

[18] Otto Ernst Schweizer, »Zweites Kollegiengebäude«, in: *Festschrift der Universität Freiburg zur Eröffnung des zweiten Kollegiengebäudes*, hrsg. v. Johannes Fincke, Freiburg im Breisgau 1961; ders., »Erläuterungsbericht zur Erweiterung des Kollegiengebäudes der Universität Freiburg, 18.4.1961«, Maschinenmanuskript (bewahrt im SAAI, Karlsruhe).

[19] Egon Eiermann wurde 1947 als Professor für Architektur an die Technischen Hochschule Karlsruhe berufen.

[20] Nach dem Beginn der Erzählung *Gladius Dei* von Thomas Mann.

[21] Zur Lehre Eiermanns und ihrer Wirkung vgl.: Immo Boyken, »Eiermanns Einfluß«, *Der Architekt. Zeitschrift des Bundes Deutscher Architekten BDA*, 2004, Heft 7/8.

40. Otto Ernst Schweizer, Arbeitsamt in Nürnberg, 1926 bis 1929. (Photo: Kurt Grimm.)
41. Otto Ernst Schweizer, Wohn- und Pflegestätte Johannisheim, Nürnberg, 1928/29. (Photo: Kurt Grimm.)
42. Otto Ernst Schweizer, Milchhof, Nürnberg, 1929–31. (Photo: Kurt Grimm.)
43. Otto Ernst Schweizer, Tribüne der Stadionanlage in Nürnberg, 1927–29. (Photo: Kurt Grimm.)
44. Otto Ernst Schweizer, Prater-Stadion, Wien, 1928 bis 1931. (Photo: Martin Gerlach.)

40. Otto Ernst Schweizer, employment bureau in Nuremburg, 1926–29. (Photo: Kurt Grimm.)
41. Otto Ernst Schweizer, residential and care home Johannisheim, Nuremburg, 1928/29. (Photo: Kurt Grimm.)
42. Otto Ernst Schweizer, Milchhof, Nuremburg, 1929 to 1931. (Photo: Kurt Grimm.)
43. Otto Ernst Schweizer, grandstand of the stadium in Nuremburg, 1927–29. (Photo: Kurt Grimm.)
44. Otto Ernst Schweizer, Prater-Stadion, Vienna, 1928 to 1931. (Photo: Martin Gerlach.)

5 Regarding Schweizer's work see: Immo Boyken, *Otto Ernst Schweizer. 1890–1965. Bauten und Projekte*, Stuttgart, 1996.
6 Eberhard Schulz, »In diesen heiligen Hallen. Bauten der Universität Freiburg und anderswo«, *Frankfurter Allgemeine Zeitung*, 9 February 1960.
7 Two expert opinions by Rudolf Hillebrecht and Walter Rossow on the urban integration of Konstanz University, *Konstanzer Blätter für Hochschulfragen*, vol. 5, 1967, no. 14.
8 From a text by Gerhard Marcks, *Bauwelt*, vol. 51, 1960, no. 29.
9 Apartment buildings for the students are in the eastern part of the complex, to the north of the students' chapel. This eastern portion is rarely shown in current literature, only Mies van der Rohe's project for the western part. The complete plan is shown in: Werner Blaser, *Mies van der Rohe*, Basel/Boston/Berlin, 1997; with a perspective view of the chapel and the apartment buildings.
10 By inclusion of suitable remains the library has been re-erected in comparable mightiness, and with a new coating on the façade it is close to completion.
11 Hans Detlef Rösiger, *Die Albert-Ludwigs-Universität von 1457 bis 1957. Die Wiederaufbauzeit 1945*, Freiburg im Breisgau, 1957.
12 Otto Ernst Schweizer, *Die architektonische Großform. Gebautes und Gedachtes*, Karlsruhe, 1957.
13 Lore Kramer, *Zu Ferdinand Kramers Arbeiten – Intentionen und Realität*, ed. by Ingeborg Flagge and Wolfgang Jean Stock, Stuttgart, 1992.
14 *Ferdinand Kramer. Der Charme des Systematischen*, ed. by Claude Lichtenstein, Gießen 1991; here: Astrid Hansen, »Bauten für die Wissenschaft«.
15 Reformuniversität Bielefeld, 1969–76; Universitätsklinikum of the Rheinisch-Westfälische Technische Hochschule Aachen, 1971–85.
16 For participants, appraisal of the first-prize projects, general information about the competition offer see see: *Die Bauzeitung*, vol. 60, 1955, no. 11; *Architektur und Wohnform*, vol. 64, 1955, no. 1.
17 Apart of both second prizes, two equal-ranking fourth prizes were awarded to the architects Hermann Blomeier and Ernst Petersen & Walter Köngeter.
18 Otto Ernst Schweizer, »Zweites Kollegiengebäude«, in: *Festschrift der Universität Freiburg zur Eröffnung des zweiten Kollegiengebäudes*, ed. by Johannes Fincke, Freiburg im Breisgau, 1961; the same, »Erläuterungsbericht zur Erweiterung des Kollegiengebäudes der Universität Freiburg, 18. 4. 1961«, typoscript (kept in the SAAI, Karlsruhe).
19 In 1947 Egon Eiermann was professor of architecture at the Technische Hochschule Karlsruhe.
20 After the beginning of the novella *Gladius Dei* by Thomas Mann.
21 Regarding Eiermann's teachings and their effect see: Immo Boyken, »Eiermanns Einfluß«, *Der Architekt. Zeitschrift des Bundes Deutscher Architekten BDA*, 2004, no. 7/8.

1. Luftaufnahme von Westen. Im Vordergrund links das Stadttheater, daneben die – heute veränderte – Universitätsbibliothek. Darüber die Gruppe der Kollegiengebäude und die alte Universitätsbibliothek ganz rechts. (Photo: Peter Rokosch.)
2–4. Grundrisse (Erdgeschoß, Emporengeschoß, Institutsgeschosse). *Erdgeschoß*: links die Ladenzeile an der Bertoldstraße und das Auditorium maximum mit Garderoben und WC-Anlagen; in der Mitte die Eingangshalle mit den beidseitigen Zugängen; rechts die beiden kleineren Hörsäle, die Haupttreppe und die Aufzüge sowie die Präsenzbücherei mit integrierter Cafeteria. *Emporengeschoß*: links das Auditorium maximum mit Nebentreppen in die oberen Geschosse und Räume für Gastprofessoren sowie für Fakultätsbelange; rechts die Haupttreppe mit den Aufzügen und zwei Seminar- und Prüfungsräume. Die Außenfläche dazwischen war als begehbare Dachterrasse geplant. *Institutsgeschosse*: im Zentrum die Emporenhalle und in den beiden Flügeln die natürlich belichteten und belüfteten Einzelräume.

1. Aerial view from the west. In the foreground left the Stadttheater, next to it the university library – today modified. Above the group of the Kollegiengebäude and to the outer right the old university library. (Photo: Peter Rokosch.)
2–4. Floor plans (ground floor, gallery level, standard floors). *Ground floor*: shops on the left along the Bertoldstraße and the auditorium maximum with cloak rooms and toilets; in the middle the entrance hall with double access; on the right the two small lecture halls, the main staircase, elevators and the reference library with integrated cafeteria. *Gallery floor*: on the left the auditorium maximum with secondary stairs to the upper floors and rooms for visiting professors and for faculty business; on the right the main staircase with elevators and two seminar and examination rooms. The exterior space in between was designed as a walk-on roof terrace. *Departmental floors*: in the centre the gallery hall, in the two wings individual rooms with natural illumination and ventilation.

S. 30/31
5. Querschnitt auf Höhe der Eingangs- und der Emporenhalle mit Blick auf die leicht gerundete Stirnwand des Auditorium maximum und die Brüstungen der Emporen.

pp. 30/31
5. Cross section at the level of the entrance and the gallery hall with view to the slightly curved front wall of the auditorium maximum and the balustrades of the galleries.

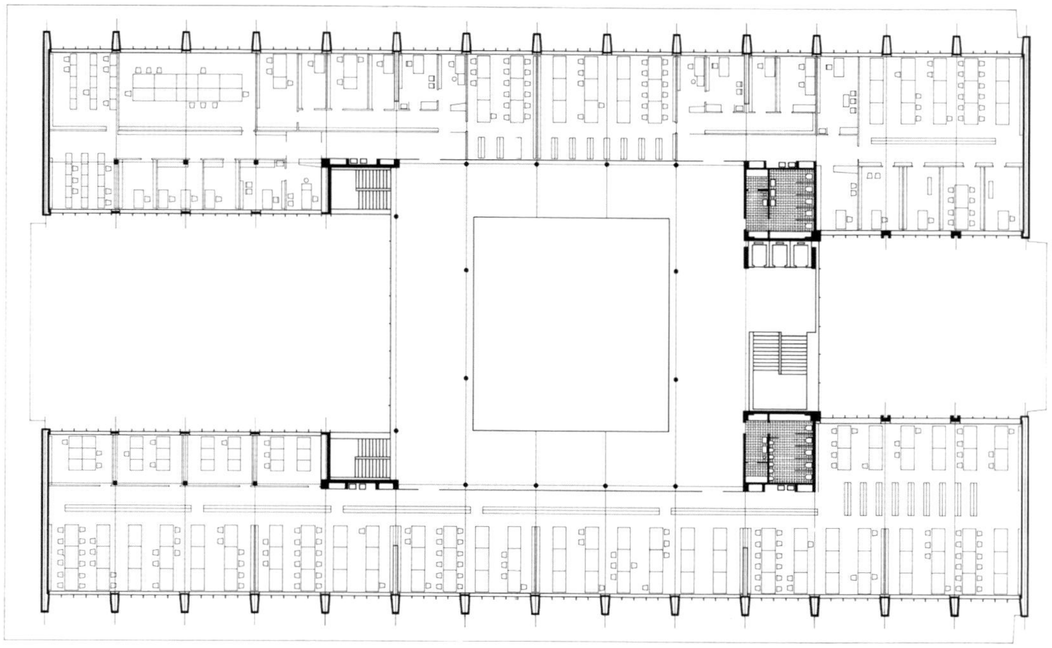

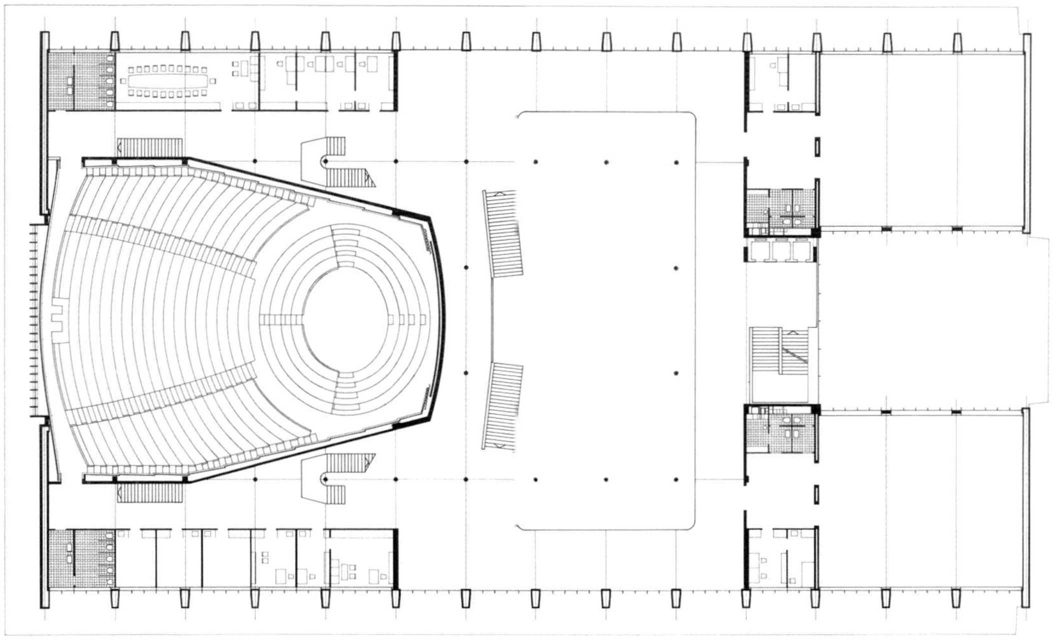

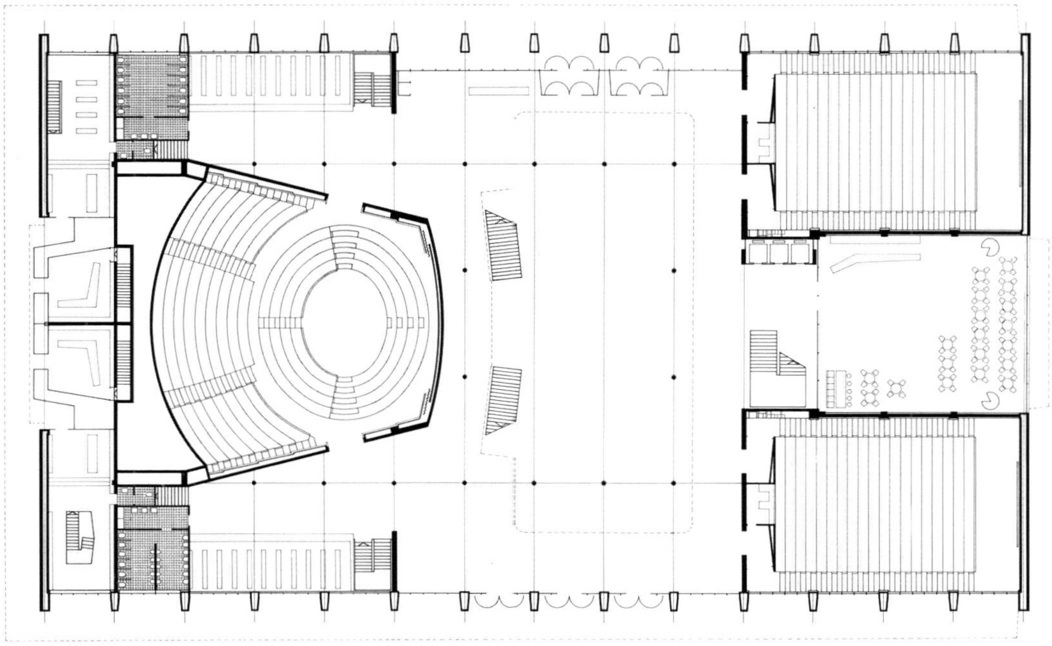

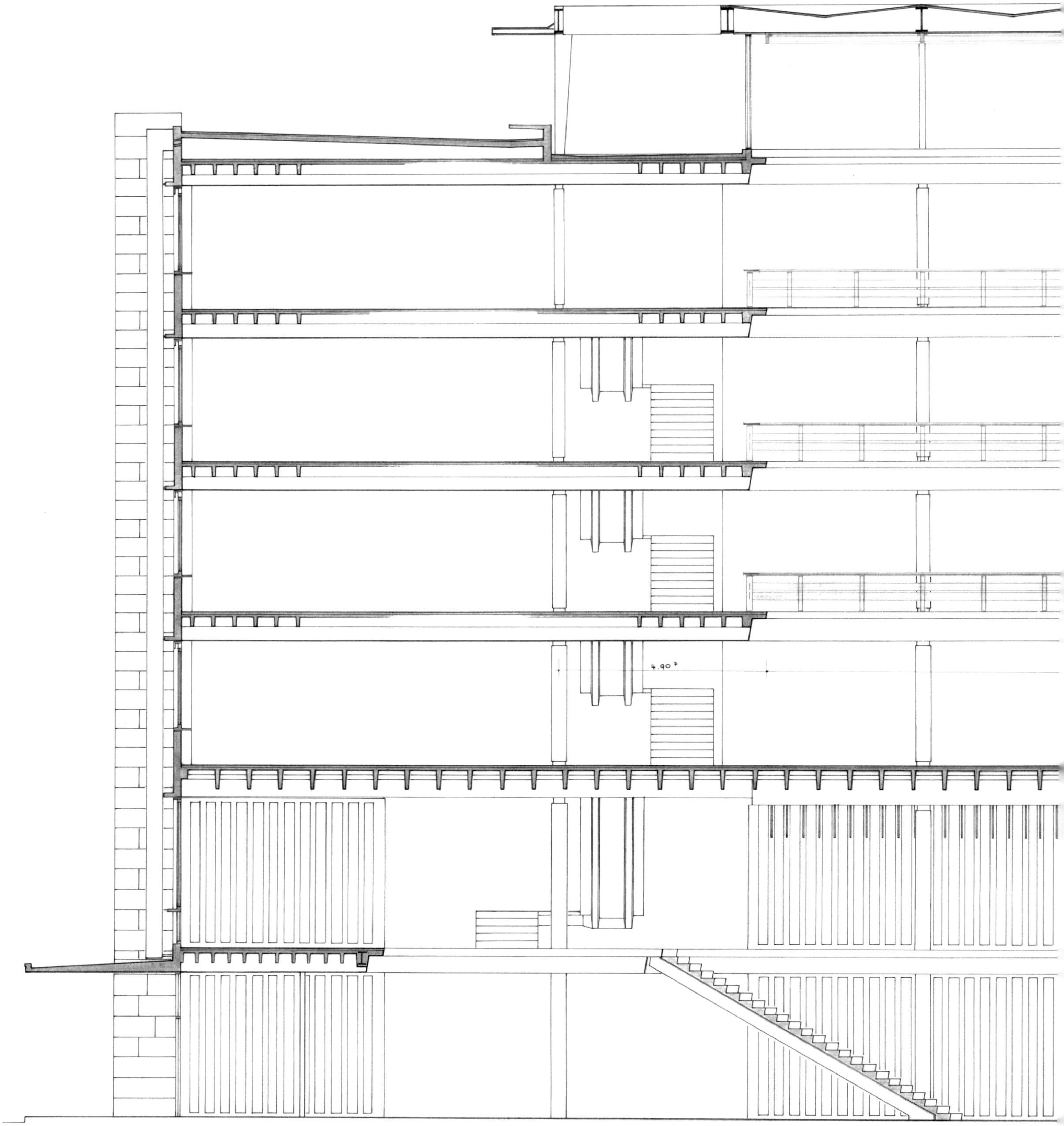
4.90 7

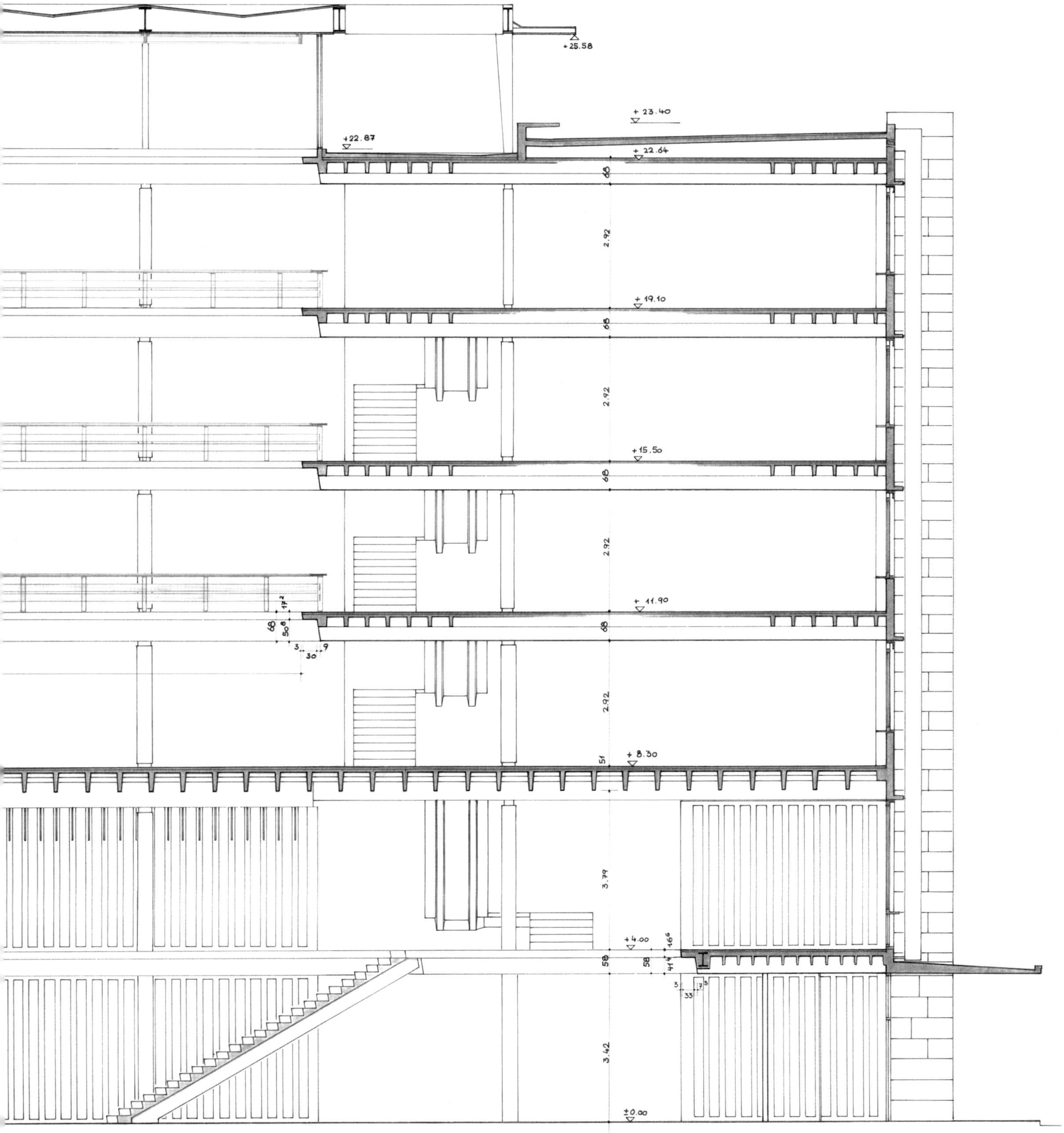
+25.58
+ 23.40
+22.87
+ 22.64
68
2.92
+ 19.10
68
2.92
+15.50
68
2.92
+ 11.90
68
2.92
51
+ 8.30
3.79
+4.00
58
58
3.42
±0.00

1–3. Verschiedene Baustadien. *Bild 1*: die Stahlkonstruktion mit den Bindern über dem Auditorium maximum; im Hintergrund die Häuserzeile an der Bertoldstraße und die Universitätskirche. (Photo: Foto Pillat.) *Bild 2*: Luftbild von Nordwesten; links der Peterhof, oben rechts die Trakte des alten Kollegiengebäudes von Hermann Billing. (Photo: Wiederaufbaubüro Freiburg.) *Bild 3*: die Westseite des entstehenden Kollegiengebäudes. Die Häuserreihe im Vordergrund wurde zugunsten der Freifläche vor dem Neubau abgebrochen. (Photo: Wiederaufbaubüro Freiburg.)

1–3. Various stages of construction. *Picture 1*: the steel construction with girders over the auditorium maximum; in the background the shops along the Bertoldstraße and Universitätskirche. (Photo: Foto Pillat.) *Picture 2*: Aerial view from the northwest; on the left the Peterhof, on top right the wings of the old college building by Hermann Billing. (Photo: Freiburg reconstruction office.) *Picture 3*: the westside of the college building under construction. The row of houses in front were demolished to gain open space for the new building. (Photo: Wiederaufbaubüro Freiburg.)

4. Blick von Nordwesten über die Bertoldstraße auf den Neubau mit der Ladenzeile und der Außenwand des Auditorium maximum. Im Hintergrund das Stadttheater, rechts angeschnitten die Universitätskirche.
5. Blick von Nordwesten über die Freifläche auf das neue und das alte Kollegiengebäude. Im Hintergrund das Schwabentor, das Martinstor und der Turm des alten Kollegiengebäudes.
6. Blick von Westen, vom Stadttheater aus, auf den Neubau. Links angeschnitten die Universitätskirche an der Bertoldstraße und im Hintergrund das Münster.

4. View from the northwest over the Bertoldstraße to the new building with shopping lane and exterior wall of the auditorium maximum. In the background the Stadttheater, on the right a part of the Universitätskirche.
5. View from the northwest over the open area to the new and old Kollgiengebäude. In the back the Schwabentor, the Martinstor and the tower of the old Kollegiengebäude.
6. View from the west, from the Stadttheater to the new building. On the left a part of the Universitätskirche on the Bertoldstraße, the Minster in back.

7. Blick von Nordwesten auf den Neubau mit den großflächig verglasten Feldern, die die Eingangshalle belichten und auf die Zugänge hinleiten. Die Kragplatte mildert – neben ihrem praktischen Zweck – eine zu starke Vertikalwirkung der Fassade. (Photo: Robert Häusser.)
8. Blick von Südwesten. Hinter den geschlossenen Wandfeldern mit den hochliegenden Fenstern befindet sich einer der beiden kleineren Hörsäle.

S. 38, 39
9. Fassadenausschnitt mit den großflächigen Verglasungen der Eingangshalle und einem der hochliegenden Fenster, die die beiden kleineren Hörsäle belichten. Im Vordergrund Henry Moores Skulptur *Reclining Figure*.
10. Blick von der Bertoldstraße auf den kleinen Platz zwischen Neubau und Peterhof mit dem Quellbrunnen von Franz Gutmann.

7. View from the northwest to the new building with the large glazed panels to give light to the entrance hall and its access. Apart from its practical function the cantilevering slab softens the vertical impact of the façade. (Photo: Robert Häusser.)
8. View from the southwest. Behind the closed wall panels with high windows is one of the two small lecture halls.

pp. 38, 39.
Partial view of the façade with the large glazing of entrance hall and one of the high windows giving light to the two small lecture halls. In front Henry Moore's sculpture *Reclining Figure*.
10. View from the Bertoldstraße to a small space between the new building and the Peterhof with a fountain by Franz Gutmann.

11, 12. Schrägansichten von Südwesten bei Dunkelheit mit Blick in die Eingangshalle. Im Vordergrund Henry Moores Skulptur *Reclining Figure*. Die starke Plastizität der Fassade, das Spiel des Lichtes auf den Pfeilern und den Sonnenschutzlamellen, das Durchsichtige entsprechen den Intentionen des Architekten.

11, 12. Slanted night views from the southwest towards the entrance hall. Henry Moore's sculpture *Reclining Figure* in the foreground. The strong plasticity of the façade, the play of light on columns and sun breakers, the diaphanous character reflect the intentions of the architect.

13. Blick in die Eingangshalle. Rechts vor der Stirnwand des Auditorium maximum die beiden Treppen auf die umlaufende Empore. Im Hintergrund das Stadttheater.
14. Blick von der Empore in die Eingangshalle. Links die Haupttreppe und die Eingänge in einen der beiden kleineren Hörsäle unten sowie in einen der Seminar- und Prüfungsräume oben.

13. View of the entrance hall. To the right of the front wall of the auditorium maximum are the two staircases to the circumferential gallery. The Stadttheater in the background.
14. View of the entrance hall from the gallery. On the left the main staircase with the entrances to one of the two smaller lecture halls on the ground floor and to one of the upper seminary or examination rooms.

15. Blick aus der Eingangshalle auf die Haupttreppe und die Aufzugsanlage. Die Tür oben in der Glaswand sollte eine begehbar gedachte Terrasse erschließen, die Tür unten führt in die hier noch nicht eingerichtete Präsenzbücherei mit integrierter Cafeteria.
16. Blick auf die Haupttreppe und, durch die Glaswand hindurch, auf die begehbar gedachte Terrasse.

15. View of the main staircase and elevators from the entrance hall. The door in the upstair glazing was to access a walk-on terrace, the door at bottom leads to the reference library with the cafeteria, not yet installed.
16. View of the main staircase and, through the glazing, to the terrace intended for being accessible.

17. Blick in die Eingangshalle auf die beiden Emporentreppen und den Corpus des Auditorium maximum.
18, 19. Blick in das Auditorium maximum auf das Diskussionsrund und die ansteigenden Sitzreihen. Außer den beiden Hauptzugängen unten erschließen zwei weitere Zugänge oben den Raum. Der Vorhang verdeckt eine weiße Projektionsfläche. Trotz seiner Größe strahlt der Saal auch bei geringer Besetzung durch die Anordnung der Sitzblöcke und durch die Lichtführung keine Leere aus.

17. View of the entrance hall with the two gallery stairs and the mass of the auditorium maximum.
18, 19. View of the auditorium maximum with its discussion circle and tiers of seats. Apart from the two main entrances at the bottom, there are two more upper entries. The curtain covers a white projection surface. In spite of its size, the hall does not look empty, even at low attendance, due to the arrangement of seating blocks and lighting.

S. 48/49
20. Das Auditorium maximum von oben.

pp. 48/49
20. Th auditorium maximum from above.

21, 22. Blick in einen der beiden kleineren Hörsäle, die in das Untergeschoß hineinreichen. Ein Sichtbezug nach außen ist durch das hochliegende Fensterband gegeben. Hinter der Wand mit dem Glasstreifen oben rechts befindet sich der Raum mit den Projektionsapparaten.

21, 22. View of one of the smaller lecture halls extending down to the basement. A high window ribbon affords vision to the outside. Behind the wall with the upper right strip of glass is the projection room.

23. Blick vom Bodenniveau in die obere, über fünf Geschosse sich erstreckende Emporenhalle. Glaswände geben die Sicht in die Institute mit internen Treppen frei. Ganz oben die Wand aus opakem Glas des Dachcafés, durch die – neben den großen Glaswänden im Norden und Süden – ein wesentlicher Teil des natürlichen Lichts in den Raum fällt.
24. Blick von der ersten Empore in den Raum hinein auf die Aufzugsanlage und die Haupttreppe vor der Glaswand im Süden.
25. Blick in eines der Institute. Rechts die in Abbildung 23 sichtbare interne Treppe, links eine weitgehend verglaste Wand der Arbeitsräume.

23. View from ground level to the five upper floors of the gallery hall. Glass walls allow the view into the departments and their stairs. On the very top the opaque glass wall of the roof café. Most of natural light enters through it and the large north- and south-glazing.
24. View from the first gallery to the elevator block and the main staircase in front of the southern wall of glass.
25. View of one of the departments. On the right the internal stair of picture 23, on the left the largely glazed partitions of the work spaces.

26. Blick von der ersten Empore in die Emporenhalle hinein auf die verglasten Institutswände. Rechts die Glaswand nach Norden und eine der Nebentreppen. 27. Blick aus der Emporenhalle auf die Glaswand nach Norden. Oben hinter der Wand aus opakem Glas Stühle des Dachcafés.

26. View from the first gallery into the gallery hall and the glazed department walls. On the right the northern glass wall and a secondary stair.
27. View from the gallery hall to the northern glass wall. Behind the opaque glass wall above are chairs of the café.

28, 29. Blick auf die Hebemaschinen der Aufzugsanlage hinter einer Glaswand, an der der Weg in das Dachcafé vorbeiführt. Die Räder sind farbig gefaßt und wirken wie ein sich ständig bewegendes Kunstwerk.

28, 29. View to the elevator machinery behind a glass partition along the access to the roof café. The gears are coloured and appear like a perpetually moving work of art.

30. Blick von der Außenterrasse des Dachcafés über die Stadt auf die Hänge des Schwarzwalds. Rechts eine der Wände aus opakem Glas, durch die Licht in die Emporenhalle fällt. Im Hintergrund der Turm des alten Kollegiengebäudes.

30. View from the roof terrace of the roof café over the city and to the slopes of the Black Forest. On the right one of the opaque glass walls which is giving light to the gallery hall. In the background, the tower of the old Kollegiengebäude.

Kollegiengebäude II, Universität Freiburg
Bertoldstaße/Rotteckring
79098 Freiburg im Breisgau

Planungs- und Bauzeit / Planning and construction time
1955 Wettbewerb/competition, 1961 Fertigstellung/completion

Bauherr / Client
Land Baden-Württemberg, vertreten durch / deputised by Wiederaufbaubüro der Universität Freiburg

Architekt / Architect
Otto Ernst Schweizer

Werkplanung und örtliche Bauleitung / Execution planning and site management
Wiederaufbaubüro der Universität Freiburg

Mitarbeiter / Collaborators
W. Baecker und D. Kohler (Wettbewerb / competition); E. Hangarter, D. Klose, W. Oechsner, K. Welle und E. Dick (Ausführung / realisation).
Mitarbeiter des Wiederaufbaubüros / Collaborators of the Wiederaufbaubüro: *Die Bauverwaltung*, 1962, 6, p. 284.

Tragwerksplanung / Planning of the structural framework
Bernhard Fritz, Institut für Baustatik an der TH Karlsruhe; Ingenieurbüro A. Lehr, Freiburg

Umbauter Raum / Building volume
106 400 m^3

Baukosten / Building costs
16 500 000 DM; mit Inneneinrichtung / with interior fitting: 28 000 000 DM

Kunst / Art
Henry Moore, *Reclining Figure*
Franz Gutmann, Quellbrunnen / spring fountain

Das Kollegiengebäude steht weitgehend unverändert. Der von Schweizer gewollte Raumfluß im Inneren wurde durch Brandschutzmaßnahmen verändert, dem Auditorium maximum durch – schon vom Architekten vorgesehene – Öffnungen in der Rückwand sowie durch Hauben auf der Saaldecke Tageslicht zugeführt. Zur Zeit steht die Generalsanierung des Gebäudes an.

The Kollegiengebäude is largely unchanged. The internal flow of space as intended by Schweizer has been affected by measures for fire protection, the auditorium maximum now receives daylight through new openings in the rear wall – already foreseen by the architect – and through skydomes in the ceiling. At the time the building is up for full restoration.